Les nouvelles stratégies de coaching

Données de catalogage avant publication (Canada)

Gendron, Pierre J
    Les nouvelles stratégies de coaching: comment devenir un meilleur gestionnaire

    1. Mentorat dans les affaires. 2. Gestion. I. Faucher, Christiane. II. Titre.

HF5385.G47 2002   658.3'124   C2002-940023-6

DISTRIBUTEURS EXCLUSIFS:

- Pour le Canada
  et les États-Unis:
  MESSAGERIES ADP*
  955, rue Amherst
  Montréal, Québec
  H2L 3K4
  Tél.: (514) 523-1182
  Télécopieur: (514) 939-0406
  * Filiale de Sogides ltée

- Pour la France et les autres pays:
  VIVENDI UNIVERSAL PUBLISHING SERVICES
  Immeuble Paryseine, 3, Allée de la Seine
  94854 Ivry Cedex
  Tél.: 01 49 59 11 89/91
  Télécopieur: 01 49 59 11 96
  Commandes: Tél.: 02 38 32 71 00
                  Télécopieur: 02 38 32 71 28

- Pour la Suisse:
  VIVENDI UNIVERSAL PUBLISHING SERVICES SUISSE
  Case postale 69 - 1701 Fribourg - Suisse
  Tél.: (41-26) 460-80-60
  Télécopieur: (41-26) 460-80-68
  Internet: www.havas.ch
  Email: office@havas.ch
  DISTRIBUTION: OLF SA
  Z.I. 3, Corminbœuf
  Case postale 1061
  CH-1701 FRIBOURG
  Commandes: Tél.: (41-26) 467-53-33
                  Télécopieur: (41-26) 467-54-66

- Pour la Belgique et
  le Luxembourg:
  VIVENDI UNIVERSAL PUBLISHING SERVICES BENELUX
  Boulevard de l'Europe 117
  B-1301 Wavre
  Tél.: (010) 42-03-20
  Télécopieur: (010) 41-20-24

Pour en savoir davantage sur nos publications,
visitez notre site: **www.edhomme.com**
Autres sites à visiter: www.edjour.com • www.edtypo.com
www.edvlb.com • www.edhexagone.com • www.edutilis.com

© 2002, Les Éditions de l'Homme,
une division du groupe Sogides

Tous droits réservés

Dépôt légal: 1er trimestre 2002
Bibliothèque nationale du Québec

ISBN 2-7619-1703-0

L'Éditeur bénéficie du soutien de la Société de développement des
entreprises culturelles du Québec pour son programme d'édition.

Nous reconnaissons l'aide financière du gouvernement du Canada
par l'entremise du Programme d'aide au développement de
l'industrie de l'édition (PADIÉ) pour nos activités d'édition.

PIERRE J. GENDRON et CHRISTIANE FAUCHER

Les nouvelles stratégies de coaching

Comment devenir un meilleur gestionnaire

LES ÉDITIONS DE
L'HOMME

Avant-propos

*L*es livres et leurs contenus m'ont toujours fasciné. C'est souvent vers eux que je me suis tourné pour trouver des réponses à divers problèmes de gestion. Comment réaliser un plan d'affaires ? Comment amener des gestionnaires et des employés à effectuer des changements importants ? Comment développer leur leadership ? Quels leviers peut-on utiliser pour améliorer la performance d'une organisation ? Quelles sont les stratégies les plus efficaces pour faciliter le développement des compétences professionnelles ?

Certains livres m'ont fait perdre mon temps. D'autres m'ont fourni des idées ou des contenus qui m'ont aidé ou qui m'ont inspiré. D'autres m'ont tout simplement renvoyé à des lectures additionnelles.

C'est en 1995 que j'ai rencontré Christiane Faucher dans le cadre d'un important défi de gestion. Christiane s'intéressait depuis plusieurs années au développement et au transfert des connaissances alors que pour ma part, je m'étais davantage penché sur les questions de planification stratégique et de gestion des changements. C'est Christiane qui m'a permis de découvrir Yves St-Arnaud et les recherches qu'il avait réalisées pour aider des gens à accroître leur efficacité professionnelle et à développer de véritables relations de coopération.

Cette mise en commun d'expertises a été pour moi une véritable source d'inspiration ! Un peu comme LA solution que je cherchais depuis plusieurs années et que j'aurais aimé découvrir au travers de mes nombreuses lectures. Ainsi, le cumul de ces expertises et la collaboration de Yves St-Arnaud nous ont permis, à Christiane et à moi, de relever les défis de gestion et de transformation qu'une importante institution financière nous avait confiés.

C'est dans les derniers mois de ce projet, alors que nous faisions une intervention devant plus d'une centaine de gestionnaires et de professionnels, qu'Yves St-Arnaud a publiquement souhaité que nous écrivions un livre afin de permettre à d'autres organisations et à d'autres professionnels de profiter de l'expertise que nous avions développée. C'est donc à cette occasion que l'idée de ce livre a pris naissance.

Depuis 1998, à l'occasion d'interventions effectuées dans plusieurs organisations publiques et privées, nous avons pu expérimenter le cadre de référence que nous avons développé et qui vise l'atteinte de l'objectif suivant : aider les gestionnaires et les employés à développer leurs compétences de manière à améliorer leur performance et celle de leur organisation. C'est précisément ce cadre de référence, soit ses stratégies propres et ses outils spécifiques, qui est l'objet de cet ouvrage. Soulignons ici que la finalisation de ce livre a été rendue possible grâce au soutien et aux précieux conseils de Jean-Marie Aubry. Enfin, ce livre s'adresse plus particulièrement aux gestionnaires et aux employés qui aspirent à le devenir. Mais il a été également écrit pour mettre à la portée de tous ceux qui travaillent dans des organisations des stratégies et des outils qui favorisent la réussite, tant sur les plans organisationnel et professionnel que personnel.

PIERRE J. GENDRON

Préface

Comme l'avant-propos le souligne, j'ai été étroitement associé à l'expérience professionnelle qui a conduit les auteurs à la publication de ce livre. Cette expérience a été pour moi une source d'émerveillement, une occasion de vérifier dans l'action la pertinence des idées que j'ai proposées et un soutien majeur dans mes efforts pour combler le fossé qui traditionnellement sépare les praticiens et les chercheurs.

Une source d'émerveillement. Pendant des années, j'ai observé deux praticiens d'expérience, Pierre J. Gendron et Christiane Faucher, diriger un processus de changement extrêmement complexe sans jamais s'écarter des principes et des valeurs dont leur livre fait état. Je les ai vus œuvrer dans un véritable labyrinthe, s'adapter à différents contextes organisationnels, s'accommoder de changements de structures impromptus, composer avec les personnalités les plus variées, maintenir le cap dans des moments de découragement de leurs troupes, toujours donner priorité aux personnes et surtout vivre quotidiennement une expérience de coaching. J'ai aussi été émerveillé de leur capacité de puiser dans les ressources des sciences humaines, dont celles que je leur apportais, tout en demeurant parfaitement autonomes par rapport aux experts consultés ; émerveillé de recevoir des mandats clairs, toujours compatibles avec les ressources que je pouvais leur offrir, mais impliquant aussi pour moi de nouveaux défis à relever.

La vérification dans l'action d'une théorie est une entreprise délicate. Souvent, on reproche aux chercheurs d'utiliser des méthodes de validation qui ne permettent pas de vraiment tester leurs modèles. Dans l'expérience vécue avec Pierre et Christiane, ce sont eux qui ont pris l'initiative et qui ont assuré la gestion de l'intervention à laquelle j'ai été associé. Ils se sont inspirés de mes modèles (on trouvera les références dans les notes de bas de page) et m'ont demandé d'intervenir à plusieurs reprises et à plusieurs niveaux de leur organisation pour les diffuser. Ils ont toujours fait l'effort de bien comprendre ces modèles, mais jamais ils n'ont perdu de vue leurs objectifs et les besoins de leurs interventions. Ils m'ont ainsi forcé à m'adapter à leur contexte particulier. Il en est résulté une validation dans et par l'action de ces modèles dans lesquels je généralise les expériences professionnelles vécues depuis plus de vingt ans. Non seulement ces modèles ont contribué efficacement à la réussite de leur intervention, mais ils ont évolué, se sont raffinés et ont conduit les auteurs à créer leur propre conception du gestionnaire-coach, objet du livre qu'ils publient aujourd'hui.

Cette expérience prolongée de coopération que j'ai vécue avec des praticiens engagés dans un projet de changement institutionnel majeur m'a aussi apporté un soutien dans mes efforts pour combler le fossé entre praticiens et chercheurs. La validation dont j'ai parlé plus haut n'est qu'un élément de ce soutien. Le livre qui paraît aujourd'hui confirme une conviction qui m'habite depuis des années, à savoir que la seule façon de combler ce fossé est d'obtenir que des praticiens d'expérience conceptualisent leurs modes d'intervention. Les efforts répétés des chercheurs pour associer des praticiens à leurs recherches, en les observant, en analysant leur pratique, en les soumettant à toutes sortes d'enquêtes n'ont jamais réussi à combler le fossé qui s'accroît entre les praticiens et les chercheurs dans le domaine des sciences humaines. Les modes de pensée, les perspectives, les contraintes que rencontrent les praticiens constituent un cadre de référence qu'aucun observateur, même le plus bienveillant, ne peut saisir dans sa globalité.

Par ailleurs, rares sont les praticiens qui ont la compétence, la détermination et l'intérêt requis pour conceptualiser leur expérience professionnelle au point de la rendre accessible simultanément à d'autres praticiens et à d'autres chercheurs. Les auteurs de ce livre font partie de ces rares exceptions. Pour produire cet ouvrage, ils se sont documentés, comme en témoignent les nombreuses références en bas de page. Ils ont réussi à lire toute cette documentation avec le filtre de leur expérience pour en extraire ce qui sera utile au praticien. Leur texte est écrit dans un style direct qui devrait plaire au praticien, mais il abonde aussi de pistes qui stimuleront la réflexion des chercheurs. En bref, Pierre J. Gendron et Christiane Faucher sont devenus, au cours de leur effort soutenu de publication, des praticiens-chercheurs qui contribuent au développement des connaissances dans le domaine de la gestion.

YVES ST-ARNAUD

INTRODUCTION

*D*ans l'environnement concurrentiel d'aujourd'hui, toutes les entreprises rêvent de réunir des employés qui contribuent au maximum de leurs capacités à atteindre leurs objectifs d'affaires et à améliorer leur efficacité. Bien des entreprises aimeraient également avoir des objectifs clairs et mobilisateurs ainsi qu'une organisation du travail et une culture organisationnelle qui favorisent la mobilisation et la responsabilisation. Dans un tel cadre, il n'y a qu'un pas à franchir pour que les gestionnaires et les employés, désireux de s'améliorer constamment en partageant leurs expériences, leurs découvertes et leurs savoirs respectifs, agissent en véritables partenaires.

Imaginez toute la créativité, tout le dynamisme et toute la compétitivité d'une entreprise qui réunirait l'ensemble de ces conditions.

Imaginez encore qu'une telle entreprise soit la vôtre ou que vous en fassiez partie à titre d'employé.

Un tel rêve est de l'ordre du possible et peut bel et bien devenir réalité. Comment ? Il vous suffit de devenir gestionnaire-coach, d'utiliser des stratégies efficaces et d'investir le temps et les efforts que leur mise en œuvre réclame.

Associant le coaching à l'art de la réussite, ce livre a été écrit à l'intention des gestionnaires, des professionnels et de tous les employés qui désirent bonifier les succès de leur organisation, tout en visant le développement de leurs compétences et l'amélioration de leur efficacité personnelle.

Il leur propose des stratégies et des outils qui ont fait leurs preuves et qui favorisent l'atteinte de résultats concluants sur les plans organisationnel, professionnel et personnel. Gages de réussite, ces stratégies et ces outils sont étroitement liés aux six grandes responsabilités que le gestionnaire-coach doit assumer dans le cadre de ses fonctions. En effet, le gestionnaire-coach qui possède ces outils et stratégies est en mesure de susciter l'engagement et l'*empowerment* du personnel de l'entreprise (chapitre 2) ; de déterminer les résultats collectifs et individuels à atteindre (chapitre 3) ; de créer une organisation du travail orientée sur l'atteinte des résultats (chapitre 4) ; de développer ses compétences ou celles de ses employés (chapitre 5) ; de gérer la performance et l'amélioration continue (chapitre 6) et d'accroître son efficacité, son autonomie ainsi que celles de ses employés (chapitre 7).

L'établissement et la mise en œuvre de ces stratégies et de ces outils demandent aux gestionnaires, aux professionnels et aux employés de développer une triple compétence. La première de ces compétences est relative à l'expertise nécessaire à l'exercice de leur fonction. C'est ce que nous appelons la compétence des contenus[1], soit «une compétence disciplinaire… reliée à la maîtrise du savoir et du savoir-faire propres à une discipline». Quant aux deuxième et troisième compétences, elles réfèrent, d'une part, à la capacité de gérer les changements et d'autre part, à la capacité d'établir des relations interpersonnelles axées sur la coopération.

Le lecteur de cet ouvrage a la possibilité de faire un choix entre deux options de lecture. Selon une méthode linéaire, il peut choisir de lire ce livre du début à la fin. Mais il peut aussi fragmenter sa lecture et se rendre directement aux chapitres qui l'intéressent le plus, son choix étant alors déterminé par la nature des défis auxquels lui et son entreprise sont confrontés. S'il choisit cette seconde avenue, nous lui suggérons de prendre tout d'abord connaissance des chapitres 1 et 5.

En effet, le chapitre 1 comporte une définition de ce qu'est le coaching[2] en entreprise. Il présente également la distinction que nous faisons entre le coaching et le mentorat, tout comme les particularités qui distinguent le gestionnaire-coach du gestionnaire traditionnel. Pour sa part, le chapitre 5 expose les stratégies et outils que peut utiliser le lecteur pour créer et maintenir une approche coaching

1. St-Arnaud, Y. *L'interaction professionnelle : efficacité et coopération.* Montréal, Les Presses de l'Université de Montréal, 1995, p. 11.
2. Bien que le mot coaching soit un anglicisme, nous l'utiliserons dans ce livre pour décrire l'ensemble des responsabilités que doit assumer le coach.

ou des relations interpersonnelles basées sur une relation de coopération. Compte tenu de leur importance, nous suggérons au lecteur de les intégrer à son plan de lecture.

Avant d'entreprendre la lecture de ce livre, le lecteur devra aussi tenir compte du fait que les stratégies que nous proposons sont complémentaires et interdépendantes. À titre d'exemple, pour établir les compétences qui doivent être développées dans une entreprise, il faut d'abord préciser les objectifs d'affaires de l'entreprise en question et s'entendre sur l'organisation du travail qui facilitera le mieux leur atteinte. Quelle que soit l'approche de lecture que le lecteur choisira de privilégier, il lui faut se rappeler que les différentes stratégies que nous proposons doivent être implantées et exécutées dans l'ordre que présente ce livre. C'est la clé de leur réussite!

Précisons enfin que pour aider le lecteur qui aimerait approfondir ses connaissances, ce livre contient de nombreuses références aux travaux de multiples auteurs qui, tout comme nous, favorisent la recherche, l'enseignement et la consultation pour aider les organisations et les personnes qui y travaillent à améliorer leur performance et leur efficacité.

Chapitre 1

PASSER DE GESTIONNAIRE TRADITIONNEL À GESTIONNAIRE-COACH

Qui veut la fin prend les moyens. D'entrée de jeu, quelques défi-nitions s'imposent afin de pouvoir mieux suivre par la suite, au fil de ce livre, les diverses étapes qui permettent de devenir un gestionnaire-coach. Tout d'abord, à tout seigneur tout honneur, il importe de comprendre très explicitement ce qu'est le coaching en entreprise. C'est pourquoi, après avoir fait un tour d'horizon des définitions du coaching établies par plusieurs auteurs, nous avançons notre propre définition du coaching en entreprise. De plus, pour préciser encore plus l'identité du coaching, nous comparons sommairement les caractéristiques du coaching avec celles du mentorat, ce qui permet de discerner les différences entre les deux approches. Enfin, nous présentons plus précisément les fonctions, les rôles et les responsabilités que le gestionnaire-coach doit assumer pour obtenir des résultats et se distinguer ainsi du gestionnaire traditionnel.

SECTION 1
La définition du coaching

Dans les plus récentes éditions du *Petit Robert* et du *Larousse illustré*, le coach, c'est la personne à qui l'on confie l'entraînement d'une équipe ou d'un sportif. Cet entraînement exige une préparation méthodique et un apprentissage par l'habitude. D'où l'importance de pratiquer toute discipline sportive de manière répétée et assidue.

Mais lorsque l'on quitte les feuillets des dictionnaires pour entrer dans la réalité, il semble que pour la majorité des amateurs de sports, le coach doit assumer davantage de responsabilités. À titre d'exemple, le coach d'une équipe de hockey ou de football agit bel et bien comme entraîneur. Mais il est également un meneur d'hommes, celui qui dirige le jeu. De façon encore plus concrète, et toujours de l'avis de plusieurs amateurs de sports, le coach détermine le niveau de participation de chacun des joueurs, évalue leur performance et les incite à s'améliorer constamment. C'est également lui qui influence les décisions d'embauche et de mise à pied des joueurs.

Si l'on s'entend relativement bien sur les responsabilités du coach et sur ce que le coaching représente dans les milieux sportifs, cette unanimité n'est plus aussi évidente lorsqu'il est question du coaching en entreprise. En effet, plusieurs auteurs, spécialistes en ce domaine, définissent le coaching de façons différentes. Voyons d'un peu plus près la teneur de ces définitions.

Pour Kinlaw[1], le coaching est une stratégie qui vise à promouvoir l'engagement et à améliorer la performance des employés au sein d'une entreprise. Cette stratégie comporte trois étapes. Le déroulement de la première étape peut varier selon la situation de coaching. Si c'est l'employé qui consulte le gestionnaire-coach pour résoudre un problème, ce dernier doit l'inviter à trouver une solution et à l'implanter ou à la mettre en œuvre. Par contre, si c'est le gestionnaire-coach qui désire améliorer la performance d'un employé, il lui revient alors de prendre l'initiative de la discussion et de décrire les problèmes qu'il a constatés. Mais quelle que soit la situation qui est à l'origine du coaching, les deux autres étapes de la stratégie sont similaires : le gestionnaire-coach doit recueillir les informations pertinentes, puis il doit prendre les moyens pour résoudre la difficulté.

Pour Landsberg[2], le coaching vise l'amélioration de la performance et des habiletés d'apprentissage d'une autre personne, qu'il s'agisse ou non d'un employé, et il fait appel à un ensemble de tech-

---

1. Kinlaw, D. C., *Adieu patron! Bonjour Coach!*. Montréal, Les éditions Transcontinental Inc., 1997, 187 p.
2. Landsberg, M., *The Tao of Coaching*. London, Harper Collins Business, 1997, 128 p.

niques. Le coach doit en effet savoir donner du feed-back, poser des questions, mobiliser puis adapter son style d'intervention en fonction des compétences et du potentiel de la personne à laquelle il s'adresse. Pour Landsberg, le coaching se définit plus précisément comme une interaction dont l'objectif n'est pas de dire à l'autre ce qu'il faut faire, mais d'aider l'autre à le découvrir.

Pour sa part, Stone[3] associe le coaching à un processus qui permet aux employés d'acquérir les connaissances, les habiletés et les attitudes dont ils ont besoin pour se développer sur le plan professionnel et devenir plus efficaces dans leur travail.

Cette dernière définition n'est pas sans rappeler celle que Richardson[4] a formulée il y a quelques années : le coaching est un processus dont le principal objectif vise à appuyer les gens afin qu'ils puissent atteindre un plus haut niveau d'excellence. Afin d'obtenir un tel résultat, le coach doit tout d'abord les assister dans la phase d'identification de ce qui fait obstacle à une meilleure performance, puis les aider à éliminer ces obstacles. D'après Richardson, comme le coaching vise toujours une transformation ou un changement, ce processus repose davantage sur une façon de penser que sur un ensemble de techniques. Richardson considère aussi, tout comme Landsberg, que le coaching peut être effectué tant par un pair que par un gestionnaire. Précisons ici qu'un pair est un collègue de travail qui occupe la même fonction ou le même niveau hiérarchique que la personne coachée.

Nous partageons ce point de vue. Bien que ce livre s'adresse plus particulièrement aux gestionnaires-coach, le coaching est une opération qui peut être effectuée soit par un employé, soit par un consultant interne ou externe qui n'a aucun pouvoir d'autorité sur le coaché. Il suffit que le coach soit capable d'utiliser les stratégies et les outils que nous présentons dans les chapitres subséquents de ce livre.

Cela étant dit, toutes ces définitions ont leurs limites et leur part de vérité. En réalité, le coaching est une stratégie qui vise des objectifs précis. Le coaching est aussi un processus qui fait appel

3. Stone, F. M., *Coaching, Counseling & Mentoring: How to Choose & Use the Right Technique to Boost Employee Performance*. New York, Amacom, 1999, 230 p.
4. Richardson, L., *Sales Coaching*. New York, McGraw-Hill, 1996, 130 p.

à des étapes d'intervention. Le coaching est également un état d'esprit et une façon de penser, car pour agir comme coach, il faut croire que l'amélioration est possible. Il faut faire confiance, donner confiance et se faire confiance. Il faut être ouvert aux changements, faire preuve de patience et persévérer jusqu'à l'atteinte des résultats.

Pour aider le gestionnaire-coach à comprendre l'étendue et la portée de son mandat, nous proposons la définition suivante du coaching en entreprise :

> Le coaching est un mode de gestion et d'interaction qui vise l'atteinte des objectifs de l'entreprise en suscitant l'engagement et l'*empowerment* des employés et des équipes de travail et en améliorant leur performance.

Par ailleurs, plusieurs entreprises utilisent indistinctement les mots coaching et mentorat pour décrire une même réalité. Une partie de cette confusion qui règne entre les deux termes provient du fait que le mentor peut parfois agir comme coach et que le coach peut parfois jouer le rôle d'un mentor, plus particulièrement lorsque ses responsabilités l'amènent à développer l'autonomie et l'efficacité personnelle d'un employé.

Tout comme Stone[5] et Shea[6], nous croyons que le mentorat se différencie du coaching. En effet, l'objectif du mentorat vise d'abord à répondre aux besoins personnels et professionnels de l'employé, lesquels ne se limitent pas à l'amélioration de sa performance, au développement de ses compétences ou à l'amélioration de son efficacité personnelle. En établissant une relation privilégiée avec son protégé, le mentor cherche d'abord et avant tout à lui permettre de progresser au sein de l'entreprise. De ce fait, le mentorat est généralement destiné aux employés les plus performants que l'entreprise tente de conserver et de mobiliser par ce biais.

---

5. Stone, F. M., *op. cit.,* 1999, pp. 159-175.
6. Shea, G. F., *Mentoring : Helping Employees Reach Their Full Potential.* New York, AMA Management Briefing, 1994, 92 p.

SECTION 2
Les fonctions, les rôles et les responsabilités du gestionnaire-coach

Le gestionnaire-coach et le gestionnaire traditionnel ont en commun qu'ils sont d'abord et avant tout des gestionnaires. Par conséquent, plusieurs de leurs fonctions et de leurs rôles sont identiques. C'est ce qu'illustre le tableau 1.

TABLEAU 1		
LES FONCTIONS ET LES RÔLES DU GESTIONNAIRE-COACH		
Gestionnaire	Fonctions	Rôles
Traditionnel	1. Planifier 2. Organiser 3. Diriger 4. Contrôler	1. Expert, analyste 2. Décideur 3. Communicateur 4. Contrôleur
	+	+
Gestionnaire-coach	5. Favoriser le développement et le transfert des compétences	5. Guide

À titre de manager, ils doivent tous deux planifier, organiser, diriger et contrôler l'ensemble des ressources humaines, financières, matérielles, technologiques et informationnelles dont ils assument la responsabilité au sein de leur entreprise.

Dans l'exercice de ces différentes fonctions, quand il est question d'identifier les problèmes, d'en trouver les causes et d'imaginer des solutions, ils doivent agir comme expert ou analyste. Ils doivent également se conduire comme des décideurs expérimentés et compétents, capables de choisir le plus judicieusement possible les solutions qu'ils considèrent être les plus adéquates pour atteindre les objectifs d'affaires de l'entreprise. Il faut également qu'ils soient des communicateurs soucieux de bien informer leurs collègues et leur personnel, de les influencer et d'être capables de donner ou de recevoir du feed-back. Ils doivent enfin agir à titre de contrôleur, c'est-à-dire être à même d'établir les écarts entre les résultats obtenus et les objectifs de performance initiaux.

Devant toutes ces similitudes, on peut en arriver à se demander ce qui distingue le gestionnaire-coach du gestionnaire traditionnel. Pour répondre à cette question, il faut tenir compte de toute l'importance que le gestionnaire-coach accorde aux ressources humaines de l'entreprise. En effet, si les ressources humaines sont importantes pour le gestionnaire traditionnel, il les considère cependant comme des ressources au même titre que les autres ressources de l'entreprise, ni plus ni moins. La position du gestionnaire-coach est différente puisqu'il estime que les ressources humaines sont la principale ressource stratégique de l'entreprise. Partant de ce postulat, il exerce ses fonctions en favorisant le développement et le transfert des compétences de ses employés et agit comme un guide pour atteindre cet objectif.

Le gestionnaire-coach doit donc accompagner ses employés pour leur montrer le chemin. Il doit les renseigner ou agir comme modèle, comme conseiller et parfois même comme mentor. Ce rôle de guide l'amène aussi à utiliser différentes stratégies lui permettant de partager son expertise des contenus et des processus et, ce faisant, de développer les compétences de ses employés. Précisons ici que l'expertise des contenus correspond à la connaissance des « savoirs » nécessaires à l'exercice d'une tâche. Quant à l'expertise des processus, elle réfère à la connaissance des « savoir-faire » ou des étapes des processus qu'un employé doit utiliser pour résoudre un problème ou pour faire face à une situation.

TABLEAU 2

LES STRATÉGIES DU GESTIONNAIRE-COACH DANS SON RÔLE DE GUIDE

L'expertise à transférer peut porter sur:	Les stratégies		
	Choix 1	Choix 2	Choix 3
Les contenus (le quoi) ou Les processus (le comment et le pourquoi)	Décide Encadre Instrumente Recommande	Facilite: A. L'utilisation des contenus ou des processus B. L'activation des contenus ou des processus	Délègue
	Le choix de la stratégie dépend du niveau de compétences ou d'expertise de l'employé par rapport aux contenus ou aux processus à utiliser.		

Le tableau 2 s'inspire des recherches de Yves St-Arnaud[7]. Il présente certaines des stratégies que le gestionnaire-coach peut utiliser pour transférer à un employé tant son expertise des contenus que les processus qu'il utilise. C'est la situation et le niveau de compétence ou d'expertise de l'employé qui déterminent le choix d'une stratégie plutôt qu'une autre.

Si l'employé ne possède pas ou a très peu de compétences ou encore l'expertise nécessaire pour faire face à la situation, le gestionnaire-coach peut utiliser l'une ou l'autre des stratégies inscrites au tableau sous le Choix 1. Plus précisément, il peut

---

7. St-Arnaud, Y. *Le changement assisté : compétences pour intervenir en relations humaines.* Montréal, Gaétan Morin Éditeur, 1999, 224 p.

décider ce que l'employé doit faire, encadrer les choix de l'employé, prendre le temps de l'instrumenter ou lui recommander différentes solutions.

Par contre, si l'employé possède un certain niveau de compétences et d'expertise, le gestionnaire-coach peut l'aider à utiliser ces compétences et cette expertise ou à activer, c'est-à-dire mettre en branle, les processus permettant de résoudre le problème ou de faire face à la situation (Choix 2). Le gestionnaire-coach peut aussi choisir de déléguer à cet employé l'autorité et la responsabilité d'agir pour atteindre les résultats visés (Choix 3).

C'est compte tenu de l'importance qu'il accorde aux ressources humaines de l'entreprise et de la conception qu'il se fait de ses fonctions (planifier, organiser, diriger, contrôler et développer les compétences), puis de ses rôles (agir comme expert, décideur, communicateur, contrôleur et guide), que le gestionnaire-coach se doit d'assumer les six grandes responsabilités dont nous avons déjà fait mention dans notre introduction.

D'abord, il suscite l'engagement et l'*empowerment* des employés, convaincu qu'il est de la nécessité de réunir ces deux conditions pour que les employés contribuent au maximum de leurs capacités à la réussite de l'entreprise.

Il s'efforce ensuite d'établir et de faire connaître les résultats collectifs et individuels qui doivent être atteints afin que l'entreprise puisse agréablement surprendre ses clients et qu'elle se démarque ainsi de ses concurrents.

Puis il crée une organisation de travail orientée sur l'atteinte des résultats. Pour ce faire, il décrit le plus précisément possible quelles sont les responsabilités de chacun des employés ainsi que les rapports hiérarchiques ou fonctionnels que les différents groupes d'employés doivent entretenir pour que l'entreprise soit efficace et efficiente.

Il doit également identifier les comportements observables de ses employés, c'est-à-dire les compétences dont les employés doivent faire preuve pour assumer leurs responsabilités, tout comme il doit établir des stratégies pour favoriser le développement de ces compétences.

Il est aussi en charge de la mise en place des processus et des pratiques de gestion qui favorisent la performance et l'amélioration continue au sein de l'entreprise.

Enfin, il s'efforce d'aider ses employés à devenir plus efficaces et plus autonomes de manière à leur permettre de relever de nouveaux défis sur les plans social, professionnel ou personnel.

Ces six différentes responsabilités du gestionnaire-coach sont l'objet des chapitres ultérieurs. La construction de chacun de ces chapitres réfère à deux grands axes. D'une part, nous présentons au lecteur les informations que nous jugeons importantes et qui ont trait aux définitions et caractéristiques de chacune de ces six responsabilités. D'autre part, nous lui fournissons des stratégies et des outils, de manière que, dans une situation donnée, il puisse agir comme gestionnaire-coach et contribuer de cette façon à la réussite de l'entreprise et de son personnel.

Chapitre 2

La première responsabilité
du gestionnaire-coach:
SUSCITER L'ENGAGEMENT
ET L'*EMPOWERMENT* DU PERSONNEL

Dans les entreprises, tout comme dans le monde des sports, la réussite se mesure par la victoire ou l'atteinte des résultats et repose sur les efforts investis par chacun des joueurs ou des employés. À cet égard, le gestionnaire-coach doit assumer une importante première responsabilité en suscitant l'engagement et l'*empowerment* de chacun de ses employés. En d'autres termes, il doit susciter chez ses employés la volonté et la capacité d'agir et les amener à mettre leur plein potentiel au service de l'entreprise.

Mais comment obtenir des employés qu'ils atteignent un tel niveau de mobilisation et de responsabilisation? Ce chapitre apporte justement des éléments de réponse à cette question. Il propose au gestionnaire-coach et à ses employés de se donner une vision commune des objectifs qu'ils veulent atteindre. Pour ce faire, ils doivent s'entendre sur ce qu'est l'engagement et établir ses modalités de mesure. Il faut aussi qu'ils partagent une même définition de l'empowerment et qu'ils comprennent quelles sont les conditions à mettre en place pour que chacun des employés ait la capacité d'agir et de contribuer concrètement à l'atteinte des résultats. Mais ne nous y trompons pas, la tâche du gestionnaire-coach n'est pas aussi simple qu'elle le paraît de prime abord. Car pour réussir l'*empowerment* de ses employés, il doit adopter les deux postures suivantes: d'une part, accepter de partager son pouvoir avec eux, d'autre part, les encourager à faire preuve de leadership.

Une fois que cette étape de clarification des objectifs à atteindre, menée de concert avec ses employés, est terminée, le gestionnaire-coach va les aider à réaliser les changements que requiert la réussite de l'entreprise. Mais pour y parvenir, il doit être en mesure de comprendre les réactions des individus face au changement. Il doit aussi mettre en place les stratégies proposées dans ce chapitre afin de mieux gérer les résistances ou les réactions négatives que les changements peuvent provoquer.

Toutes ces mesures favorisent la mobilisation et la responsabilisation des employés à court et à moyen terme. Cependant, pour que cet engagement et cet *empowerment* s'inscrivent dans le plus long terme, le gestionnaire-coach et ses employés doivent créer et maintenir des relations basées sur la coopération. Pour ce faire, le gestionnaire-coach dispose de trois clés : la clé de la concertation, la clé du feed-back et la clé de la responsabilisation. Ces trois clés, tout comme le processus d'intervention et d'interaction présenté plus loin dans ce chapitre, représentent le cœur de l'approche coaching, qui permet au gestionnaire-coach d'accroître son efficacité et celle de ses employés.

SECTION 1
L'engagement

Selon Morin[1], le gestionnaire doit « stimuler les énergies productives [de ses employés], puis faciliter le travail, c'est-à-dire réduire les tensions improductives et contre-productives ». Tout en étant conscient de ces deux importantes dimensions de la gestion, le gestionnaire-coach se donne également une responsabilité additionnelle : susciter l'engagement de l'ensemble du personnel de l'entreprise. Dès lors, pour que les employés se lancent dans un tel engagement, il faut qu'ils comprennent la finalité et les objectifs d'affaires de l'entreprise, qu'ils y adhèrent et acceptent de passer à l'action, c'est-à-dire de déployer des efforts pour contribuer à la réussite de l'entreprise.

---

1. Morin, E. M., *Psychologies au travail.* Montréal, Gaétan Morin Éditeur, 1996, 438 p.

Et comme actuellement la plupart des entreprises œuvrent dans un contexte de mondialisation des marchés et de concurrence accrue, l'engagement sous-entend également que les employés acceptent de changer, de faire les choses différemment. Signalons que les changements dont il est ici question peuvent être de plusieurs natures. Il peut en effet s'agir d'une modification de la structure organisationnelle de l'entreprise, d'une réduction d'effectifs, d'une fusion ou d'une alliance avec une autre entreprise ou encore d'un changement d'affectation ou de lieu de travail. Également, ce changement peut être causé par l'implantation d'une nouvelle technologie ou la révision de la gamme des produits et services offerts. Mais quelle que soit sa forme, le changement provoque des réactions que le gestionnaire-coach doit comprendre pour en atténuer les impacts, s'il advient que ce changement soit perçu négativement par les employés ou encore qu'il nuise à la performance de l'entreprise.

Les réactions des individus face au changement

Un même changement peut en effet provoquer des réactions très différentes d'un employé à un autre : certains peuvent être emballés et très contents alors que d'autres peuvent se sentir menacés et très craintifs. Dans les entreprises, il arrive souvent que les réactions positives soient passées sous silence et que les réactions négatives retiennent davantage l'attention des décideurs. Comme ces réactions négatives sont qualifiées de « résistances » par les spécialistes du changement, il est presque normal, avec une telle étiquette, qu'elles soient souvent au centre des discussions. Pourtant, même si le mot « résistance » peut avoir une connotation négative, les « résistances » au changement sont normales et légitimes, car elles sont essentiellement une manifestation d'énergie. Une énergie que l'être humain déploie pour se protéger ou se prémunir d'une situation réelle ou appréhendée.

À cet égard, le tableau 3 illustre toute la gamme des réactions émotives qu'un changement peut provoquer chez un employé. Dans un premier temps, le changement annoncé surprend. Puis l'employé s'interroge sur les objectifs du changement et les conséquences que celui-ci pourrait avoir sur lui. Comme l'employé peut être porté à appréhender les pires conséquences, il cherche ensuite à se protéger en rejetant le changement et en se faisant le défenseur des anciennes façons de faire. Avec le temps, alors que le changement commence à prendre forme et à s'implanter dans l'entreprise, cet employé peut développer de l'agressivité, de la colère et de l'amertume.

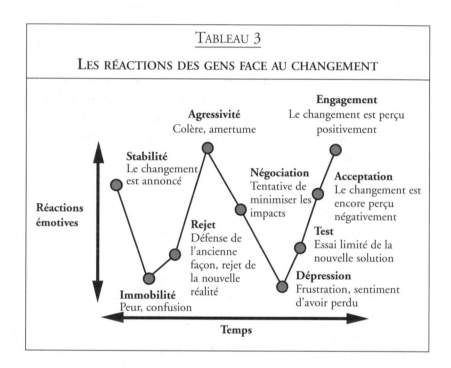

TABLEAU 3

LES RÉACTIONS DES GENS FACE AU CHANGEMENT

Engagement
Le changement est perçu positivement

Agressivité
Colère, amertume

Stabilité
Le changement est annoncé

Négociation
Tentative de minimiser les impacts

Acceptation
Le changement est encore perçu négativement

Réactions émotives

Rejet
Défense de l'ancienne façon, rejet de la nouvelle réalité

Test
Essai limité de la nouvelle solution

Immobilité
Peur, confusion

Dépression
Frustration, sentiment d'avoir perdu

Temps

Après avoir vécu cette agressivité, l'employé tente de minimiser les impacts du changement en cherchant à négocier des ajustements ou des arrangements qui puissent atténuer l'inconfort que le changement provoque chez lui. S'il ne réussit pas à obtenir ce qu'il veut, l'employé peut devenir dépressif, car il a l'impression d'avoir perdu la partie et que tout se tourne contre lui. Mais par la suite et peu à peu, il va déployer des efforts pour s'adapter au changement. Même s'il perçoit toujours le changement comme négatif, il commence à en réaliser les avantages. Après un certain temps, l'employé en arrive à percevoir plus positivement le changement et se montre d'accord avec les nouvelles façons de faire ou encore, les nouveaux outils qu'il doit utiliser.

Lorsqu'une telle situation de changement se présente, une des grandes erreurs que peut commettre le gestionnaire-coach et qu'il doit absolument éviter consiste à nier ou à ignorer les réactions émotives de ses employés. Il doit au contraire les reconnaître, chercher à en comprendre les causes et mettre en place des stratégies pour réduire l'intensité et la durée des réactions que le changement provoque, des stratégies qui visent l'atteinte de deux objectifs. D'une part, éviter que les résistances au changement n'empêchent l'atteinte des objectifs de l'entreprise ou qu'elles provoquent le désengagement d'un nombre important d'employés. D'autre part, favoriser une période de transition qui soit la moins turbulente et la plus productive possible.

Les causes des résistances et les stratégies à mettre en place

La règle des $4C^2$ se pose comme un bon outil pour aider le gestionnaire-coach à choisir la ou les stratégies les plus appropriées pour gérer les résistances au changement qui se produisent dans son entreprise. Selon cette règle des 4C, ces résistances peuvent découler d'une perte de « confort » des employés, de leur manque de « confiance » en eux ou dans l'organisation, mais aussi de leur peur de ne pas posséder les « compétences » que le changement demande. Enfin, ces résistances peuvent être occasionnées par leur appréhension de perdre éventuellement le « contrôle », c'est-à-dire le pouvoir qu'ils possèdent par rapport aux autres ou l'aisance qu'ils avaient à exécuter certaines des tâches.

---

2. Caron, Bélanger, Ernst et Young. *Gestion du changement organisationnel.* Document inédit, 1995.

TABLEAU 4		
LA RÈGLE DES 4C		
Les questions ou les préoccupations :	Le changement perturbe, car :	Les solutions possibles
Pourquoi changer ?	... il oblige les employés à délaisser leur zone de CONFORT, leur façon de faire ou une situation à laquelle ils étaient habitués.	Nommer et légitimer l'inconfort. Expliquer les raisons et les avantages du changement.
Est-ce que je réussirai à faire ça ? Pouvons-nous leur faire confiance ? Ont-ils des objectifs cachés ?	... il fait perdre la CONFIANCE que des individus avaient en leurs moyens ou dans les autres.	Réaffirmer la confiance. Rappeler les succès antérieurs.
Sommes-nous capables de faire ça, avons-nous les compétences qu'il faut ?	... il amène les gens à douter de leurs COMPÉTENCES ou il les force à en acquérir de nouvelles.	Rappeler les compétences qui seront requises et les activités qui permettront de les développer.
Est-ce que je vais garder mon statut et ce que j'ai déjà acquis ? Aurons-nous toujours la responsabilité de...	... il risque de faire perdre le pouvoir, l'aisance et la reconnaissance, soit le CONTRÔLE que les employés avaient dans leur fonction.	Préciser les nouvelles responsabilités que les employés devront assumer et rappeler leur importance.

Le tableau 4 établit clairement les liens qui se tissent entre les préoccupations exprimées par les employés, les causes possibles des résistances et les stratégies que le gestionnaire-coach peut mettre en place pour réduire les tensions improductives ou contre-productives qui découlent des changements.

Pour compléter cet outil de gestion des résistances au changement, le gestionnaire-coach peut également faire siennes les recommandations de Collerette et Schneider, lesquels, en période de changement, proposent d'adopter un style comportant :

- «beaucoup de détermination quant aux résultats à atteindre, mais aussi beaucoup de sensibilité aux réactions des membres de l'organisation ;
- « beaucoup de souplesse dans les ajustements à faire, mais aussi beaucoup de fermeté quant à l'importance de poursuivre l'implantation des changements ;
- « beaucoup d'attention aux efforts consentis, mais aussi beaucoup de persévérance pour relancer continuellement les efforts des employés[3]. »

En outre, ces mêmes auteurs conseillent au gestionnaire-coach d'utiliser d'autres stratégies propices à faciliter le changement et l'engagement de ses employés :

- Être très présent lorsque les changements se réalisent de manière à soutenir son personnel, reconnaître ses efforts et comprendre les réactions que le changement peut provoquer.
- S'assurer que les objectifs du changement sont atteints et apporter au besoin des correctifs.
- Communiquer les progrès réalisés, sans craindre de faire mention des retards enregistrés.
- Rappeler continuellement les objectifs du changement aux clients et à l'ensemble des employés.
- Ajuster la stratégie ou le rythme d'implantation des changements en tenant compte de l'évolution de la charge de travail et des efforts requis de la part des employés.

---

3. Collerette, P. et Schneider, R. *La gestion du changement.* Formation et Perfectionnement Canada, Ottawa, Fascicule 5, 1994, p. 11-5.

SECTION 2
L'empowerment

Le gestionnaire-coach sait que l'engagement donne aux employés la volonté d'agir, qu'il alimente leur motivation en leur donnant le goût de s'investir et de persévérer pour contribuer à l'atteinte des objectifs d'affaires de l'entreprise. Mais il sait aussi que cette qualité est intrinsèquement liée à l'instauration de mesures qui favorisent leur *empowerment*. En d'autres termes, l'*empowerment* contribue à favoriser l'engagement des employés puisqu'il leur donne le pouvoir et la capacité d'agir par eux-mêmes au sein de l'entreprise. D'où son importance pour une entreprise qui veut surprendre ses clients et se démarquer de ses concurrents.

La définition de l'*empowerment*

Dans plusieurs entreprises, l'*empowerment* est tout simplement le corollaire d'un objectif de partenariat avec les employés, un objectif que les gestionnaires sont d'ailleurs bien incapables d'atteindre. Pourquoi rencontrent-ils une telle difficulté? La réponse à cette question réside dans l'absence même d'une définition précise du concept et des façons de le rendre opérationnel.

En fait, les spécialistes du management définissent l'*empowerment* de différentes façons. Dans un numéro spécial consacré aux organisations, la revue *Sciences humaines* définit l'*empowerment* comme «(une) technique ou (un) énoncé qui consiste à permettre à chacun de s'approprier son travail, de prendre des décisions à son niveau, d'être évalué sur ses résultats[4]». L'*empowerment* permet donc à toute entreprise d'évoluer en donnant à chaque employé le pouvoir d'agir pour contribuer à l'atteinte des objectifs d'affaires.

Pour Morin, l'*empowerment* se définit comme «l'habilitation des membres de l'équipe[5]», l'habilitation correspondant à l'action de conférer le pouvoir d'agir avec autorité ou de manière décisive.

---

4. «Méthodes, pratiques… l'abécédaire du management». *Sciences Humaines*, Hors-Série, n° 20 (mars/avril), 1998, p. 66.
5. Morin, E. M. *op. cit.*, p. 361.

Notons que dans ces définitions, les verbes «permettre», «donner», et «conférer» laissent croire que l'*empowerment* s'apparente à un «cadeau» ou à une «faveur» que le gestionnaire accorde à ses employés. Pour éviter de créer cette impression et mieux faire ressortir la constante réciprocité qui est le propre de l'*empowerment* et de la relation qui s'instaure entre le gestionnaire-coach et son employé, nous proposons la définition suivante de l'*empowerment*:

> L'*empowerment* est un processus dynamique et interactif par lequel une personne en autorité partage avec un employé (ou des employés) qui les accepte(nt) le pouvoir et les moyens d'agir pour atteindre un objectif ou assumer une responsabilité prédéterminés.

Les trois conditions de l'*empowerment*

Du moment où cette définition fait l'objet d'un consensus entre le gestionnaire-coach et ses employés, il leur est plus facile de s'entendre sur les conditions à mettre en place pour concrétiser la constitution de l'*empowerment* dans l'entreprise. Ces conditions se résument par une équation dans laquelle l'*empowerment*, soit le E, est égal à la direction, représentée par la lettre D, multipliée par le soutien qui correspond à la lettre S et par l'autonomie, la lettre A.

$$E = D \times S \times A$$

Les conditions de l'*empowerment* se présentent donc sous la forme d'une multiplication. Cela permet de souligner, d'une part, l'importance de chacun des trois éléments – direction, soutien, autonomie – que le gestionnaire-coach doit réunir pour concrétiser l'*empowerment* et, d'autre part, toute la synergie qui découle de l'interaction de ces éléments. S'il advenait qu'une de ces conditions soit absente, se dotant alors d'une valeur zéro, la valeur de l'*empowerment* serait exactement de même nature, donc inexistante et ce, quels que soient les efforts du gestionnaire-coach pour mettre en œuvre les deux autres conditions.

La direction

Pour concrétiser les conditions d'établissement de l'*empowerment,* le gestionnaire-coach doit tout d'abord faire comprendre aux employés la direction explicite qu'ils doivent prendre pour contribuer à la performance de l'entreprise. Cette direction explicite réfère bien entendu aux résultats précis que l'entreprise peut atteindre. Mais elle met également en lumière les responsabilités que l'employé ou que le groupe d'employés doit assumer ainsi que les compétences, c'est-à-dire les comportements observables, dont ils doivent faire preuve pour obtenir des résultats significatifs. Le tableau 5 fournit un bon exemple d'une direction explicite qui favorise l'*empowerment* des employés.

À ce stade, la mise en œuvre de l'*empowerment* repose sur l'engagement même des employés. Le gestionnaire-coach doit donc s'assurer que ces derniers comprennent bien la direction que l'entreprise leur demande de prendre, qu'ils y adhèrent et qu'ils acceptent de passer à l'action.

TABLEAU 5	
EXEMPLE D'UNE DIRECTION EXPLICITE QUI FAVORISE L'EMPOWERMENT	
Des résultats à atteindre	Accroître le nombre de clients détenant un portefeuille d'épargne de plus de 100 000 $
Des responsabilités à assumer	Identifier les clients potentiels Rencontrer les clients potentiels pour comprendre leurs besoins et déterminer les produits et services permettant de répondre à ces besoins
Des compétences dont il faut faire preuve	Recueillir et traiter rapidement les informations pertinentes disponibles Présenter les avantages de ses recommandations aux clients

Le soutien

Une fois la direction comprise et acceptée par les employés, le gestionnaire-coach doit leur fournir un soutien approprié afin de les aider à atteindre les résultats, à assumer leurs responsabilités ou à développer les compétences dont ils doivent faire la preuve.

Ce soutien peut prendre plusieurs formes. Il peut s'agir de ressources matérielles, informationnelles ou monétaires que le gestionnaire-coach met à la disposition des employés, telles que des locaux, des ordinateurs ou des banques de données. Mais ce soutien peut aussi prendre la forme du coaching ou de l'ensemble des pratiques de gestion dont il est question dans ce livre et qui permettent par conséquent : 1) de susciter l'engagement et l'*empowerment* des employés ; 2) de déterminer les résultats collectifs et individuels à atteindre ; 3) de créer une organisation de travail orientée sur l'atteinte des résultats ; 4) de développer les compétences des employés ; 5) de gérer la performance et l'amélioration continue ou encore ; 6) d'aider ses employés à devenir plus efficaces et plus autonomes.

L'autonomie

Troisième condition indispensable à l'établissement de l'*empowerment* des employés, l'autonomie fait bien ressortir toute la dynamique qui anime justement l'*empowerment*. Cette condition d'autonomie exige en effet des employés qu'ils soient capables de recevoir l'information sans la déformer, mais aussi de faire des choix éclairés et d'assumer la responsabilité inhérente à ces choix[6]. Ainsi, un employé qui alimente les rumeurs, qui prête constamment des intentions à son gestionnaire ou à ses collègues de travail, qui est incapable de faire des choix par lui-même ou qui impute à ses collègues les erreurs qu'il commet lui-même n'est pas suffisamment autonome pour que le gestionnaire-coach lui confie le pouvoir d'agir par lui-même.

---

6. St-Arnaud, Y. *S'actualiser par des choix éclairés et une action efficace.* Montréal, Gaé-

Précisons enfin que pour permettre la réelle expression de cette autonomie, le gestionnaire-coach doit être en mesure de déléguer à ses employés des responsabilités qui tiennent compte de leurs intérêts propres et de leurs capacités.

La formule de l'*empowerment*: un outil de diagnostic

Par ailleurs, mentionnons qu'il existe une autre utilité à cette formule E = D x S x A, que celle relative à l'identification des trois conditions de l'*empowerment*. En effet, elle peut également être utilisée par le gestionnaire-coach qui désire établir un diagnostic du niveau d'*empowerment* de ses employés, pour pouvoir déterminer ensuite ses priorités d'intervention. Le tableau 6 illustre d'ailleurs comment le gestionnaire-coach peut se servir d'une échelle de un à cinq, le chiffre cinq correspondant à la valeur la plus élevée, pour établir le niveau optimal et actuel d'*empowerment* de ses employés.

TABLEAU 6			
LA FORMULE DE L'*EMPOWERMENT* COMME OUTIL DE DIAGNOSTIC			
Les hypothèses	D	S	A	*Empowerment*
1. Une échelle de 1 à 5 (où le chiffre 5 correspond à la valeur la plus élevée) est utilisée pour établir le niveau optimal d'*empowerment*.	5	5	5	125
2. Le diagnostic du gestionnaire-coach évalue comme suit le niveau d'*empowerment* actuel des employés de l'entreprise.	2	4	3	24

Dans cet exemple, le gestionnaire-coach considère que la direction à suivre n'a pas été suffisamment connue ou acceptée des employés. C'est pourquoi il lui accorde une note de deux sur cinq.

Il estime donc qu'il y a des lacunes en ce qui a trait aux résultats à atteindre, aux responsabilités à assumer ou aux compétences dont les employés doivent faire preuve. Avec une note de 4 sur 5, il considère également que les employés reçoivent un bon soutien. Quant à la note de 3 sur 5, elle témoigne de sa reconnaissance d'un bon niveau d'autonomie des employés.

À partir de cette évaluation de la direction, du soutien et de l'autonomie, quelles priorités d'intervention le gestionnaire-coach doit-il alors établir pour accroître le niveau d'*empowerment* de ses employés? En d'autres termes, doit-il clarifier d'abord la direction à suivre, améliorer le soutien qu'il donne aux employés ou augmenter leur niveau d'autonomie?

Le tableau 7 répond à cette question en illustrant les impacts des choix du gestionnaire-coach sur le niveau d'*empowerment* de ses employés. Il démontre que le gestionnaire-coach a tout avantage à clarifier d'abord la direction que les employés doivent suivre. En effet, cette priorité d'intervention en matière de direction lui permet d'avoir le plus d'impact sur le niveau d'*empowerment* de ses employés.

TABLEAU 7			
LA FORMULE DE L'*EMPOWERMENT* COMME OUTIL D'ÉTABLISSEMENT DES PRIORITÉS D'INTERVENTION			
Les priorités d'intervention possibles	D	S	A	*Empowerment*
A. Le gestionnaire-coach choisit d'améliorer l'axe de direction de l'entreprise.	3	4	3	36
B. Le gestionnaire-coach choisit d'améliorer le soutien plutôt que l'axe de direction.	2	5	3	30
C. Le gestionnaire-coach choisit d'améliorer l'autonomie plutôt que l'axe de direction ou le soutien.	2	4	4	32

L'*empowerment,* l'autorité et le partage du pouvoir

Nous l'avons vu précédemment, notre définition de l'*empowerment* réfère aux notions d'autorité et de partage du pouvoir. Plus exactement, dans une situation d'*empowerment,* le pouvoir doit être partagé par le gestionnaire-coach, ce qui signifie que de leur côté, les employés doivent accepter de l'assumer[7]. Mais pour certains gestionnaires, cette réalité est souvent perçue comme une perte de prérogatives. Il est donc d'autant plus important de clarifier et de comprendre le sens de ces concepts de pouvoir et d'autorité, et par le fait même, de comprendre leur signification propre dans le cadre précis d'un processus d'*empowerment.*

La définition de l'influence et du pouvoir

Quelles que soient leurs interactions professionnelles, les personnes cherchent toujours à s'influencer. Plus encore, selon les objectifs personnels ou collectifs qu'elles poursuivent, elles s'efforcent d'utiliser les pouvoirs qu'elles possèdent pour obtenir des résultats. Mais bien que la notion de pouvoir soit de ce fait très importante, il est surprenant de constater que les spécialistes de la gestion ne s'entendent pas toujours sur la façon de le définir.

Ainsi, pour définir le pouvoir, Bergeron, Côté Léger, Jacques et Bélanger précisent tout d'abord ce qu'ils entendent par la notion d'«influence», soit un «processus par lequel une personne affecte le comportement d'autres personnes». Ils définissent ensuite le pouvoir en ces termes: «capacité d'utiliser le processus d'influence comme un instrument permettant d'atteindre des objectifs donnés[8]». Ces auteurs ont également emprunté à Dahl sa définition du pouvoir[9], certainement à cause de ses qualités opérationnelles et du fait qu'elle tient compte de la dimension interpersonnelle du

---

7. James R. Lucas utilise le néologisme *powersharing* pour mettre l'accent sur cette réciprocité et sur le partage du pouvoir. Voir Lucas, J. R. *Balance of Power.* New York, Amacom, 1998, 262 p.

8. Bergeron, J. L., Côté Léger, N., Jacques, J. et Bélanger, L. *Les aspects humains de l'organisation.* Montréal, Gaétan Morin Éditeur, 1984, p. 205.

9. Dahl, R.A. «The Concept of Power», in *Behavioral Science,* 2, p. 201, cité dans Bergeron, J. L., Côté Léger, N., Jacques, J. et Bélanger, L. *op. cit.*

pouvoir: « Le pouvoir d'une personne A sur une personne B, c'est la capacité de A d'obtenir que B fasse une chose qu'il n'aurait pas faite sans l'intervention de A. »

Dans les faits, la relation entre le pouvoir et l'influence est si étroite que Morin présente ces deux concepts en les inversant : l'influence devient alors l'exercice du pouvoir[10]. Il est donc possible de dire pour conclure que le pouvoir est à la fois la source et l'expression de l'influence.

Les caractéristiques et les types de pouvoir

Le pouvoir n'est ni bon, ni mauvais en soi. Dès qu'il se manifeste, il peut d'ailleurs être indifféremment l'objet de l'un ou l'autre de ces qualificatifs. On entend parfois dire qu'un gestionnaire abuse du pouvoir qu'il possède sur ses employés ou encore que les États-Unis abusent de leurs pouvoirs politiques et économiques pour forcer des pays moins fortunés à se rallier aux causes défendues par le gouvernement américain. Tout dépend des critères que l'on utilise pour définir ce qui est bon et ce qui est mauvais et, bien sûr, de l'évaluation que chacun peut en faire.

Donc, le pouvoir est souvent perçu de manière différente d'une personne à l'autre, ce qui explique qu'il peut provoquer des réactions positives ou négatives. À titre d'exemple, on peut être en faveur de la mondialisation comme on peut y être opposé. Mais ce phénomène peut également nous laisser complètement indifférent. Notre réaction face à la mondialisation dépendra, entre autres, de l'évaluation des avantages que nous pensons en tirer ou des pertes qu'elle peut nous faire subir. Une fois de plus, tout dépend des critères propres de chaque personne et de l'évaluation qu'elle en fait pour tirer ses propres conclusions.

Le pouvoir peut également provenir d'une multitude de sources. Pour Bergeron et ses coauteurs, il peut être coercitif, économique, légitime, comme il peut être lié à l'expertise ou encore être charismatique. Pour sa part, Lee[11], cofondateur du Covey

---

10. Morin, E. M. *op. cit.*, p. 402.
11. Lee, B. *The Power Principle : Influence with Honor.* New York, Simon & Schuster, 1997, 364 p.

Leadership Center, estime que le pouvoir repose sur trois fonde-
ments. Le premier est relatif à la coercition, soit la capacité
d'obliger quelqu'un d'autre à faire quelque chose ou à s'abstenir
de le faire. Le deuxième fondement réfère au compromis par le biais
duquel les gens se concèdent mutuellement quelque chose pour
obtenir un avantage. Enfin, le troisième fondement du pouvoir
se rapporte aux principes ou à l'honneur, soit à des valeurs qui amènent les gens à reconnaître, à accepter et à respecter leurs pouvoirs respectifs.

De son côté, St-Arnaud[12] propose une définition très intéres-
sante des divers types de pouvoir, car celle-ci tient compte de la
position, des compétences et de la personnalité de celui qui cherche à influencer. Ainsi, dans le cadre de ses interactions avec les
autres, une personne peut posséder ou encore utiliser un ou plusieurs types des pouvoirs suivants: un pouvoir d'autorité, un pouvoir d'expert ou un pouvoir personnel.

Le pouvoir d'autorité peut être naturel, ce qui correspond au
pouvoir des parents sur leurs enfants. Mais il peut aussi être struc-
turel. Dans ce cas, il peut être associé à un pouvoir hiérarchique,
comme celui que le gestionnaire exerce sur ses employés, ou encore
à un pouvoir législatif ou réglementaire. Dans ce cas, il peut s'agir
du pouvoir que la Loi accorde à un ombudsman ou à un protec-
teur du citoyen.

Pour sa part, le pouvoir d'expert est intimement lié à l'expérience ou aux habiletés reconnues de la personne qui cherche à
influencer. Plus exactement, ce type de pouvoir est celui du méde-
cin, de l'architecte ou de tout autre expert dont l'entreprise peut
retenir les services.

Enfin, le pouvoir personnel découle des décisions d'une personne,
de sa personnalité ou de son charisme. Comme nous le verrons un
peu plus loin, ce type de pouvoir s'apparente au leadership.

Maintenant, lequel de ces trois types de pouvoir identifiés par
Saint-Arnaud correspond le plus à la réalité et au profil du gestionnaire-coach? Dans les faits, le gestionnaire-coach possède un pouvoir
d'autorité sur chacun de ses employés. Et cette forme de pouvoir n'est

---

12. St-Arnaud, Y. *L'interaction professionnelle: efficacité et coopération.* Montréal, Les Presses de l'Université de Montréal, 1995, pp. 130-132.

nullement limitée ou encore modifiée lorsque le gestionnaire-coach prend la décision de susciter l'*empowerment* de ses employés. En effet, ce dernier conserve toujours le droit, c'est-à-dire le pouvoir de mettre éventuellement un terme au processus interactif d'*empowerment*. Cela revient à dire que l'*empowerment* favorise le partage du pouvoir, mais qu'il n'en change pas la nature ni la réalité. L'*empowerment* donne tout simplement à l'employé la capacité et les moyens d'agir pour atteindre des objectifs précis. Précisons que les moyens dont il est ici question peuvent correspondre à un statut particulier ou à la possibilité et à la capacité d'utiliser directement certaines ressources humaines, matérielles ou financières.

Vu sous cet angle, l'*empowerment* devient également une façon de reconnaître expressément les deux autres types de pouvoir, soit le pouvoir d'expert et le pouvoir personnel des employés et, ce faisant, d'accroître leur niveau d'engagement et de mobilisation.

Toutes ces réflexions sur les caractéristiques et les types de pouvoir doivent inciter le gestionnaire-coach à utiliser les pouvoirs qu'il possède avec discernement et en tenant compte des perceptions de ses employés. Cette mise en garde est importante, car, comme le dit Aubry, le pouvoir est «la capacité – chez un individu ou dans un groupe – de faire ou de faire faire ce qu'on veut, d'obtenir des résultats ou de les modifier, et ce, bon gré mal gré de ceux qui sont soumis à cette capacité[13]». Dans cette perspective, si les comportements du gestionnaire-coach visent manifestement à contraindre les employés, ou si ces derniers perçoivent qu'ils doivent agir selon les volontés de leur gestionnaire, sans qu'ils puissent l'influencer le moins du monde, il est alors difficile de considérer ces conditions comme celles qui prévalent à l'établissement d'un véritable *empowerment*.

Le gestionnaire-coach et le leadership

Toujours en relation avec les questions rattachées aux concepts de pouvoir et d'autorité dans le cadre d'une dynamique d'*empo-*

---

13. Aubry, J. M. *Dynamique des groupes*. Montréal, Les Éditions de l'Homme, 1994, p. 42.

werment, il nous semble approprié d'ouvrir ici une parenthèse pour aborder un autre concept, celui du leadership. Pour être plus précis, nous nous sommes demandé si le gestionnaire-coach était ou s'il devait être un leader. Se fondant sur leurs expériences respectives, deux auteurs, Blanchard et Shula[14], tendent à apporter une réponse à notre questionnement en affirmant que tout le monde est un coach et que tout coach est un leader. D'ailleurs, ils utilisent l'acronyme du mot COACH pour présenter ce qu'ils considèrent être les qualités et les caractéristiques de tout leader efficace :

Convictions : le leader efficace a des valeurs et il les défend.

Optimisation : il a une obsession, celle de maîtriser tous les éléments pour les optimiser.

Adaptation : il est capable de s'adapter pour tirer le maximum d'une situation ou d'un individu.

Cohérence : il réagit de façon cohérente et constante vis-à-vis de différents niveaux de performance.

Honnêteté : les gestes du leader efficace sont cohérents avec son discours. On peut lui faire confiance.

Selon nous, ces propos méritent d'être nuancés ou à tout le moins explicités. Si le coaching se résume au fait d'observer et de conseiller une autre personne pour qu'elle s'améliore, toute personne peut être considérée comme étant le coach de quelqu'un. Les circonstances de la vie étant ce qu'elles sont, la plupart des gens peuvent être appelés à jouer un tel rôle. Cependant, dans l'univers des entreprises, il est loin d'être évident que tous les gestionnaires soient des gestionnaires-coachs. En effet, pour être gestionnaire-coach, il faut viser l'amélioration de la performance de l'entreprise et des employés et, pour atteindre cet objectif, il faut assumer l'ensemble des responsabilités qui sont exposées dans ce livre.

---

14. Blanchard, K. et Shula, D. *Everyone's a Coach*. Michigan, Zondervan Publishing House and HarperBusiness, 1995, 197 p.

Par conséquent, pour pouvoir déterminer si chaque coach est
un leader, il faut préalablement clarifier ce qu'est le leadership. Pour
les Anglo-Américains, comme Tichy[15] par exemple, le leadership
est un attribut ou un potentiel que chaque personne possède. Il
se définit généralement par la capacité du leader de motiver une
ou plusieurs personnes de manière à leur faire accomplir quelque
chose de spécifique. Bennis[16] s'inscrit également dans cette tendance en affirmant que l'essence même du leadership réside dans
la capacité du leader de changer l'état d'esprit *(mindset)* et le cadre
de référence *(framework)* d'une autre personne.

Pour notre part, nous sommes d'avis que le leadership correspond davantage à une façon d'agir qu'à un attribut personnel. C'est
la raison pour laquelle nous le définissons comme suit:

Le leadership est une capacité d'influence qu'une personne
acquiert, indépendamment de la position qu'elle occupe
ou de son statut social, en adoptant un style d'intervention
qui convient à la fois à la situation et aux personnes dont
la participation est requise pour atteindre le résultat recherché[17].

15. Tichy, Noël M. *The Leadership Engine: How Winning Companies Build Leaders at
Every Level.* New York, HarperCollins, 1997, pp. 6-42.
16. Bennis W. *Learning to Lead Executive Excellence.* January, dans Blanchard et Shula
op. cit.
17. Cette définition s'inspire de la théorie de Fielder. «Selon la théorie de Fielder, le
leadership représente tout processus par lequel l'habileté d'un leader à exercer son influence
dépend de la structure de la tâche et de la mesure dans laquelle le style, la personnalité
et la façon de procéder du leader conviennent au groupe. En d'autres termes, selon
Fielder, on devient leader non seulement en vertu de ses attributs et de sa personnalité,
mais aussi en vertu de différences «situationnelles» et de l'interaction entre les leaders
et la situation», cité dans Koontz, H. et O'Donnel, C. *Management: principes et méthodes de gestion.* Montréal, McGraw-Hill, 1980 (traduction de Gilles Ducharme et
Marcel Poirier), p. 495.

Précisons que cette capacité d'influence qui est le propre du leadership peut être de deux natures, soit continue ou ponctuelle. En effet, un employé peut être considéré comme le leader de son équipe dans la phase de développement d'un nouveau produit ou d'un nouveau service. Mais ce même employé peut se révéler être totalement incapable d'exercer un leadership analogue, donc un pouvoir personnel d'influence aussi fort, au moment de l'implantation de ce produit ou ce service. Le leadership est donc «situationnel» et dépend de plusieurs autres variables telles la personnalité de celui qui l'assume, le rôle qu'il joue, les relations qu'il entretient avec les autres, l'atmosphère du groupe où il intervient ainsi que le style et les comportements qu'il utilise dans une situation donnée pour atteindre les résultats visés. Le leadership n'est donc pas lié au seul «style» d'un gestionnaire puisque ce dernier peut assumer un leadership en suscitant la participation, en étant très directif ou encore en pratiquant le laisser-faire.

Tout ça pour dire que le gestionnaire-coach n'est pas automatiquement ou nécessairement un leader. Il peut assumer toutefois un leadership en adoptant un style de gestion et d'intervention qui convienne à ses employés et qui les incite à contribuer au maximum de leurs capacités à l'atteinte des objectifs de l'entreprise.

Section 3
Une approche coaching basée sur une relation de coopération

Récapitulons! Jusqu'ici nous avons vu que pour que l'entreprise réussisse à améliorer sa performance sur une base continue, le gestionnaire-coach doit profiter de ses interactions avec son personnel pour mettre en place les conditions qui permettent d'instaurer, d'entretenir et de renforcer l'engagement et, par le fait même, l'*empowerment* de ses employés.

Mais pour atteindre cet objectif, le gestionnaire-coach n'a pas le choix. Il doit pouvoir mieux comprendre la façon dont se structurent les relations interpersonnelles entre les gens. Et pour ce faire, il peut utiliser les clés de la concertation, du feed-back et de la responsabilisation, trois clés qui favorisent la création ainsi que le maintien d'une relation de coopération. Il doit également mettre en œuvre un processus d'intervention qui favorise l'atteinte des résultats.

Les structures de la relation

Dès qu'un gestionnaire-coach entre en interaction avec un employé pour obtenir un résultat lié au travail, d'entrée de jeu, leur relation se structure d'une façon particulière. Dans le langage courant, la structure de leur interaction peut être décrite différemment, parfois de façon imagée. En effet, si tout se déroule bien, on parle d'une bonne chimie entre les deux parties et d'un échange qui se fait d'égal à égal. Par contre, si des difficultés surviennent au cours des échanges, on dit alors de la situation qu'elle est tendue, que le gestionnaire-coach et l'employé n'ont pas d'atomes crochus ou encore qu'il y a de l'électricité dans l'air. Mais en dépit du fait que de tels signes soient faciles à détecter, la plupart des gestionnaires ignorent souvent ce qui est à l'origine de ces situations. Et plusieurs considèrent, à tort, que la structure de la relation dépend uniquement de leur humeur, de leurs caractéristiques personnelles ou de celles de l'employé.

Que nous apprennent à ce sujet les recherches de St-Arnaud[18]? Eh bien, elles démontrent clairement que lors d'une interaction, la relation entre le gestionnaire-coach et son employé se structure en fonction de trois variables, soit:

- Variable 1 : du niveau d'engagement du gestionnaire-coach et de l'employé par rapport à l'objet et au but visé par leur interaction ;
- Variable 2 : du degré de pouvoir (expertise et pouvoir personnel) que celui qui initie l'échange, soit le gestionnaire-coach, accorde à l'employé par rapport à l'objet de l'interaction ;

---

18. St-Arnaud, Y. *op. cit.*, 1995.

- Variable 3 : du niveau de contrôle que l'instigateur de l'échange croit devoir exercer sur l'employé pour obtenir le résultat qu'il vise et selon sa perception des deux premières variables.

Ainsi, plus le gestionnaire-coach considère son employé comme une personne dont il reconnaît et apprécie l'engagement et la compétence (expertise et pouvoir personnel) par rapport à l'objet de l'échange, plus il accepte de se laisser influencer et moins il se sent obligé de contrôler la discussion et les solutions que l'employé propose et veut mettre en place. À l'inverse, si le gestionnaire-coach estime que son employé est peu engagé et peu compétent, il est plus naturellement porté à être davantage directif et à exercer un plus grand contrôle, tant sur le déroulement de la rencontre que sur les solutions mises de l'avant, pour s'assurer de l'atteinte de ses objectifs.

Pour St-Arnaud, ces trois variables sur lesquelles se structure la relation gestionnaire-coach/employé permettent d'identifier trois structures de la relation, soit une structure de pression, une structure de service et une structure de coopération. Dans le

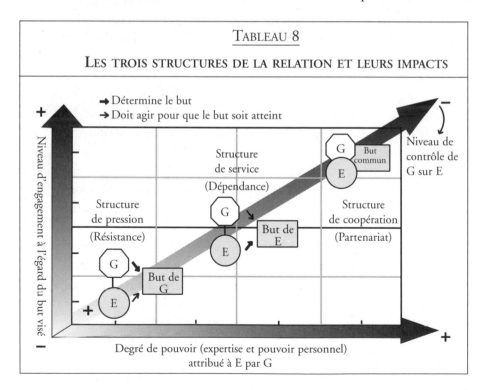

TABLEAU 8

LES TROIS STRUCTURES DE LA RELATION ET LEURS IMPACTS

tableau 8, où l'employé et le gestionnaire-coach sont respectivement représentés par les lettres E et G, chacune de ces trois structures de la relation est précisément illustrée en regard de ces trois variables. Précisons que dans ce tableau, la première de ces variables est représentée par l'axe vertical du graphique, la deuxième par l'axe horizontal et la troisième par la flèche en diagonale qui traverse le graphique.

Voyons plus précisément quelles sont les caractéristiques de ces trois structures de la relation et à quel genre d'interaction et de relation interpersonnelle entre le gestionnaire-coach et l'employé elles correspondent.

La structure de pression

Deux conditions président à la création d'une structure de pression. D'une part, lorsque le gestionnaire-coach détermine seul quel est le but à atteindre. D'autre part, lorsqu'il exerce un contrôle serré sur l'employé pendant toute la durée de l'interaction, principalement parce qu'il estime que ce dernier est peu engagé et que son expertise ou son pouvoir personnel sont faibles. Dans une telle situation, le gestionnaire-coach est donc porté à dire à l'employé quoi faire, quand le faire et comment le faire. Il se préoccupe peu ou pas du tout des attentes de l'employé, de ses objectifs ou encore de ses suggestions. Il contrôle plutôt le contenu et le déroulement de la rencontre et de la discussion et utilise tous les pouvoirs dont il est investi pour s'assurer que l'employé se conforme à ses décisions.

La structure de pression a certes ses avantages, mais elle a aussi ses inconvénients. Si elle permet au gestionnaire-coach d'atteindre rapidement ses objectifs, elle provoque aussi des attitudes de résistance chez les employés. De ce fait, il arrive fréquemment qu'une interaction fondée sur une structure de pression provoque des échanges intempestifs et improductifs. Dans une telle situation, les employés dépensent toujours plus d'énergie à se justifier et à trouver des failles dans les propos du gestionnaire qu'à reconnaître les vrais problèmes et à chercher des solutions. Pour toutes ces raisons, le gestionnaire-coach avisé va limiter toute intervention qui s'inscrit dans une structure de pression et le faire seulement si cela s'avère réellement nécessaire. Par exemple, quand il exige qu'un employé respecte une politique de l'entreprise à laquelle il a déjà été sensibilisé. Ou encore, pour amener un employé à respecter l'échéancier et les priorités de travail sur lesquels tous deux s'étaient préalablement entendus.

La structure de service

La structure de service se distingue de la structure de pression. En effet, dans ce modèle relationnel, c'est l'employé qui détermine le but à atteindre et qui sollicite l'appui ou la contribution du gestionnaire-coach. En procédant de la sorte, l'employé reconnaît à la fois ses limites et les compétences du gestionnaire-coach. Donc, en acceptant le fait que ce dernier exerce une certaine forme de contrôle, l'employé consent également à être influencé dans le choix des objectifs ou des stratégies à privilégier.

L'aspect le plus positif de la structure de service, c'est qu'elle peut permettre de bonifier les résultats ou, à tout le moins, de renforcer le niveau de proximité entre le gestionnaire-coach et son employé. Mais en dépit de ces avantages, le gestionnaire-coach va porter une attention particulière à cette structure de la relation puisqu'elle peut également être à l'origine de deux effets indésirables.

Le premier de ces effets, c'est que la structure de service tend à créer un état de dépendance. Ce faisant, elle peut devenir un obstacle à l'autonomie et à la responsabilisation de l'employé. On peut parler d'une telle situation de dépendance, par exemple, lorsqu'un employé demande au gestionnaire-coach d'intervenir pour régler un différend mineur qui l'oppose à un de ses collègues plutôt que de le solutionner lui-même, ou, encore, lorsqu'un employé, à qui une responsabilité a été déléguée, vient toujours consulter son gestionnaire-coach pour qu'il prenne des décisions à sa place.

Le deuxième effet indésirable rattaché à la structure de service, c'est que le gestionnaire-coach peut se sentir flatté par l'expertise que lui reconnaît l'employé. Il peut alors en arriver à tout mettre en œuvre pour répondre aux besoins de l'employé en question, sans vraiment s'assurer que ce dernier possède l'expertise nécessaire pour appliquer les solutions qui lui sont proposées.

La structure de coopération

La troisième et dernière structure de la relation est la structure de coopération. Pour établir avec succès une telle structure, la réunion de quatre conditions s'impose.

- Le gestionnaire-coach et l'employé doivent avoir un but commun à atteindre.
- Ils se reconnaissent un pouvoir d'autorité, d'expertise ou personnel qu'ils sont prêts à partager.
- Ils acceptent et sont capables de se concerter et de s'influencer.
- Enfin, ils limitent au minimum les contrôles qu'ils exercent l'un sur l'autre[19].

Dans leur formulation même, ces conditions mettent en évidence quels sont les principaux avantages de la structure de coopération, et, par ricochet, les raisons pour lesquelles cette structure est le cœur même d'une approche coaching axée sur l'engagement et l'*empowerment*.

À ce titre, les avantages de la structure de coopération sont nombreux. En effet, comme le gestionnaire-coach et l'employé sont amenés à s'entendre sur le but visé et sur les façons de l'atteindre, elle permet justement de bonifier l'atteinte des résultats. Grâce à elle, l'entreprise profite plus largement des compétences et du plein potentiel tant du gestionnaire que de l'employé. Par ailleurs, la structure de coopération génère un climat de confiance et d'ouverture entre les deux parties et contribue au développement et au transfert de leurs compétences respectives. Enfin, elle permet également au gestionnaire-coach d'assumer pleinement ses responsabilités, soit de contribuer à l'atteinte des objectifs de l'entreprise en suscitant l'engagement et l'*empowerment* de ses employés et en améliorant leur performance.

Mais attention, ces avantages ne se constituent pas sans peine. En effet, St-Arnaud[20] rappelle qu'il est très rare qu'une interaction débute en se fondant d'emblée sur une structure de coopération. En règle

---

19. St-Arnaud, Y. *Ibid.*
20. St-Arnaud, Y. *Ibid.,* pp. 73-75.

générale, l'initiateur de l'interaction cherche à contrôler la relation de façon unilatérale en fonction de ses attentes et de ses besoins, surtout lorsque les enjeux de l'échange sont importants. C'est donc au gestionnaire-coach qu'incombe la responsabilité de prendre l'initiative de la création et du maintien de la relation de coopération et ce, tout au long de ses échanges avec ses employés. En investissant des efforts en ce sens, il fera siens les enseignements de Morin pour qui « l'art de diriger c'est la capacité non pas d'influencer les autres pour faire ce qu'on veut, mais d'aider les membres d'un groupe à exercer leur pouvoir pour accomplir la raison d'être collective[21] ».

Les outils du gestionnaire-coach pour créer et maintenir une relation de coopération

N'ayons pas peur ici de nous répéter : lorsque le gestionnaire-coach interagit avec un employé, c'est à lui que revient l'initiative de créer et de maintenir une relation de coopération, qui est par excellence une source d'engagement et d'*empowerment.* Pour relever ce défi, le gestionnaire-coach peut utiliser trois outils.

Le premier de ces outils se compose de trois clés qui ouvrent respectivement les portes de la concertation, du feed-back et de la responsabilisation. Le deuxième de ces outils équivaut à une technique qui permet au gestionnaire-coach de prendre conscience de ses biais personnels. Enfin, le gestionnaire-coach peut tirer profit d'un troisième outil : le test personnel d'efficacité[22]. En tenant compte des réactions de l'employé et des objectifs de l'interaction, ce test peut lui servir à déterminer s'il serait avantageux de modifier ses stratégies, son but ou ce qui le motive à rechercher l'effet visé.

Les clés de la concertation, du feed-back et de la responsabilisation

En utilisant la première de ces trois clés, soit la clé de la concertation, le gestionnaire-coach instaure des modalités d'interaction

---

21. Morin, E. M. *op. cit.,* p. 435.
22. St-Arnaud, Y. *Le changement assisté : compétences pour intervenir en relations humaines.* Montréal, Gaétan Morin Éditeur, 1999, 224 p.

fondées sur une relation de coopération avec l'employé. Il insiste donc sur l'importance de travailler ensemble, souligne la nécessité de s'entendre sur les résultats à atteindre et sur la façon de travailler pour les atteindre, bref, d'agir comme de véritables partenaires. Plus exactement, trois éléments concourent à concrétiser un tel partenariat dans le cadre d'une relation de coopération : tout d'abord un but commun, ensuite, des champs d'autorité ou de pouvoirs exclusifs ou partagés par rapport au but visé et enfin, une volonté et une capacité de s'influencer mutuellement[23].

Ainsi, avant même de débuter l'échange avec son employé, il est donc de toute première importance que le gestionnaire-coach soit conscient des résultats qu'il vise et de la plus-value que la mise en commun de ses pouvoirs et de ceux de l'employé pourra apporter à l'atteinte de ces résultats. En d'autres termes, le gestionnaire-coach doit savoir en quoi et pourquoi l'employé et lui-même ont besoin l'un de l'autre pour atteindre l'objectif visé. C'est cette prise de conscience qui d'entrée de jeu amène le gestionnaire-coach à considérer l'employé comme un partenaire dont il reconnaît l'importance des rôles et des contributions plutôt qu'à le traiter comme un simple exécutant auquel il suffit de donner des ordres.

TABLEAU 9
DES EXEMPLES D'UTILISATION DE LA CLÉ DE LA CONCERTATION PAR LE GESTIONNAIRE-COACH
• Bonjour Paul! Je vous ai demandé cette rencontre ce matin pour revoir l'avancement et les échéanciers du projet X. Comment voudriez-vous qu'on procède pour atteindre cet objectif?
• Bonjour Lucie! J'aimerais qu'on regarde ensemble les particularités de la commande du client Z, avez-vous vingt minutes à me consacrer?

23. St-Arnaud, Y. *op. cit.*, 1995.

Donc, au moment d'enclencher une interaction avec un de ses employés, le gestionnaire-coach se remémore puis applique la règle d'or de la concertation : « Rien ne sert de courir, il faut partir ensemble[24] ».

Dès le début de l'échange, le gestionnaire-coach prend donc bien soin de situer l'objet de la rencontre. Puis il veille à ce que l'employé s'exprime sur son degré de compréhension de l'objectif de la rencontre tout en enregistrant les suggestions de cet employé en ce qui a trait à la façon de travailler ensemble pour obtenir des résultats significatifs. Ensuite, tant le gestionnaire-coach que l'employé établissent et nomment les perceptions qu'ils ont de leur rôle et de leurs responsabilités respectives ainsi que les contributions qu'ils peuvent apporter, les contraintes dont il faudrait tenir compte et les balises qu'il convient de respecter pour s'assurer d'un partage efficace des pouvoirs de chacun. Enfin, les deux protagonistes doivent exposer leur volonté commune de s'influencer mutuellement tant sur le choix des solutions que sur la façon de mettre en œuvre ces mêmes solutions.

Il va sans dire que pour créer et maintenir une relation de coopération, le gestionnaire-coach s'assure que sa rencontre avec l'employé se déroule dans un contexte favorable, c'est-à-dire à un moment et dans un environnement où tous deux acceptent de s'inter-influencer en recevant de façon constructive leurs idées et leurs suggestions respectives.

La deuxième clé qui permet au gestionnaire-coach de créer avec ses employés des interactions fondées sur la coopération est la clé du feed-back. Attention, il ne s'agit pas ici de donner du feed-back, c'est-à-dire de montrer à l'employé les conséquences de ses comportements pour qu'il puisse les réajuster ou les reproduire. Il s'agit plutôt de s'assurer, d'une part, de la qualité de la relation de partenariat ; d'autre part, du niveau de compréhension et d'aisance de l'employé par rapport à l'objectif poursuivi, aux solutions mises de l'avant ou au déroulement de la rencontre.

Plus exactement, la clé du feed-back permet au gestionnaire-coach de recueillir des informations qui le renseignent et l'éclairent sur

---

24. St-Arnaud, Y. *Ibid.*, p. 110.

ce que pense l'employé, sur ce qu'il comprend, ce qu'il souhaite ou ce qu'il ressent par rapport à l'objectif de la rencontre ou à son déroulement. En d'autres termes, cette clé revêt de nombreux avantages. Grâce à elle, le gestionnaire-coach accède à des informations additionnelles et de qualité qui lui permettront, si nécessaire, d'ajuster l'objectif initial, tel qu'énoncé au début de la rencontre, ou encore d'aménager les stratégies d'intervention qu'il utilise pour atteindre l'objectif visé ou pour créer et maintenir la relation de coopération. Il est aussi en mesure de créer un climat de confiance, en démontrant à l'employé, tant par l'expression verbale que non verbale, qu'il comprend bien ce que ce dernier lui dit. La clé du feed-back lui sert également d'outil pour valider sa perception des réactions ou des faits que lui communique l'employé, ce qui lui donne la possibilité de demeurer objectif. Enfin, la clé du feed-back lui permet de susciter la participation, l'intérêt ou l'engagement de l'employé.

TABLEAU 10

DES EXEMPLES D'UTILISATION DE LA CLÉ
DU FEED-BACK PAR LE GESTIONNAIRE-COACH

- Que voulez-vous dire par…?
- Votre silence m'indique-t-il que vous êtes en désaccord?
- Que pensez-vous de…?
- Si je comprends bien, vous voulez que…?
- Je vous ai présenté une manière de procéder au cours de notre rencontre, est-ce qu'elle vous convient?
- Je suis prêt à passer à l'étape suivante, êtes-vous d'accord?
- Voulez-vous ajouter autre chose?
- Est-ce que cette option vous intéresse?
- Il me semble utile d'associer votre collègue de travail à ce projet, voyez-vous comment procéder?
- Comment pourrions-nous partager nos responsabilités respectives?

À titre d'exemples, le tableau 10 présente quelques phrases qui illustrent bien l'utilisation que le gestionnaire-coach peut faire de la clé du feed-back. Cette clé est véritablement déterminante dans la création et le maintien de la relation de coopération puisqu'elle aide le gestionnaire-coach et l'employé à valider ou à préciser le but commun qu'ils poursuivent et à établir leurs champs de compétences ou de pouvoirs respectifs. Enfin, cette clé leur permet de reconnaître explicitement leur volonté de tenir compte de leurs besoins mutuels et d'exercer leur influence réciproque de façon positive et constructive.

Enfin, la troisième et dernière clé que le gestionnaire-coach utilise pour créer et maintenir une relation de coopération est la clé de la responsabilisation. Elle favorise l'engagement et l'*empowerment* de l'employé, en amenant le gestionnaire-coach et l'employé à proposer des solutions puis à faire un choix.

TABLEAU 11

DES EXEMPLES D'UTILISATION
DE LA CLÉ DE LA RESPONSABILISATION
PAR LE GESTIONNAIRE-COACH

- Nos échanges nous ont permis d'identifier les trois solutions que vous pourriez choisir. Laquelle considérez-vous la meilleure pour atteindre nos objectifs?
- Sommes-nous d'accord sur le fait que vous produirez un rapport d'avancement de ce projet d'ici dix jours, soit le…?
- Vous semblez comprendre les conséquences de vos retards aux rencontres hebdomadaires de l'équipe. Êtes-vous d'accord pour corriger la situation? Qu'entendez-vous faire pour éviter que ces retards se reproduisent?

Comme l'illustrent les quelques phrases du tableau 11, le gestionnaire-coach se sert de la clé de la responsabilisation dans certaines circonstances: faire ressortir les points sur lesquels l'employé et lui-même s'entendent; confirmer les contributions et les responsabilités de chacun par rapport aux résultats à atteindre et se mettre d'accord sur un plan d'action, sur des activités de suivi et sur leur fréquence. Enfin, cette clé de la responsabilisation lui permet de donner du feed-back[25] à l'employé sur les conséquences de ses comportements et de l'amener à repérer et à identifier des améliorations qu'il pourrait mettre en œuvre.

La prise de conscience de ses biais personnels

Pour accroître son efficacité au cours de ses interactions et toujours en ayant à l'esprit de maintenir la relation de coopération avec l'employé, le gestionnaire-coach doit également porter une attention particulière à ce qu'il convient d'appeler ses biais personnels. Mais de quoi est-il ici exactement question? Nous voulons parler de certains ressentiments ou encore de conclusions prématurées tirées dans le cadre d'un échange avec un employé. Dans les faits, ces deux attitudes personnelles peuvent l'empêcher d'atteindre ses objectifs. À titre d'outil, le tableau 12 peut donc être très utile au gestionnaire-coach désireux de noter, après une discussion, quelles pensées et quels sentiments l'ont influencé et l'ont empêché d'obtenir les résultats souhaités. En prenant conscience de cette réalité, le gestionnaire-coach peut apprendre à découvrir puis à corriger des attitudes et des comportements qui le rendent inefficace[26]. Au besoin, il peut également utiliser la clé du feed-back de manière à préciser, directement avec l'employé, les éléments qui le préoccupent.

---

25. Attention, il est important de ne pas confondre le sens de «donner du feed-back» avec celui de clé du feed-back. Il s'agit ici de donner du feed-back de manière à trouver des solutions. Pour sa part, la clé du feed-back est utilisée pour demander des informations.

26. St-Arnaud, Y. *Connaître par l'action*. Montréal, Les Presses de l'Université de Montréal, 1992, p. 58. Également repris dans Hargrove, R. *Mastering the Art of Creative Collaboration*, New York, McGraw-Hill, 1998, p. 184.

TABLEAU 12

UN OUTIL POUR DÉCOUVRIR L'INFLUENCE DES BIAIS PERSONNELS DU GESTIONNAIRE-COACH SUR SON EFFICACITÉ

Les ressentis du gestionnaire-coach

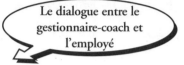

Le dialogue entre le gestionnaire-coach et l'employé

Les ressentis du gestionnaire-coach	Le dialogue entre le gestionnaire-coach et l'employé
Un retard de deux semaines et c'est seulement maintenant qu'il m'en parle.	**Employé :** Nous allons dépasser de deux semaines l'échéancier du projet que vous m'aviez confié et j'aimerais qu'on en discute.
Qu'est-ce que je vais donc dire à mon patron pour expliquer ce retard ?	**Gestionnaire :** Ne venez pas me dire que les travaux ne seront pas terminés à temps.
Je le vois venir. Il va sûrement me demander plus d'argent et plus de ressources…	**Employé :** Ça dépend… **Gestionnaire :** Vous n'avez pas l'intention de me demander plus d'argent et de ressources !
Oups ! Je me suis trompé. Et dire que les ajouts que j'ai demandés ne sont pas vraiment utiles…	**Employé :** Pas du tout. Je veux vous consulter pour vérifier si on peut reporter les améliorations que vous avez demandées hier. Ça nous permettrait de livrer à temps.

Ainsi, à l'occasion d'échanges avec ses employés, le gestionnaire-coach doit chercher à prendre conscience des biais qu'il peut lui-même générer et introduire si, par exemple, il ne retient qu'une partie des informations qui lui sont présentées et qu'il a tendance à déformer ces informations en les interprétant de la mauvaise façon ou en tirant des conclusions trop hâtives.

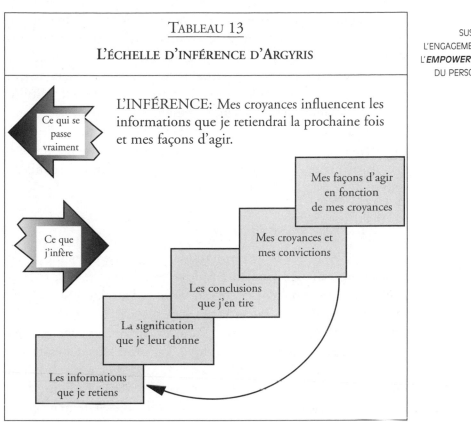

TABLEAU 13

L'ÉCHELLE D'INFÉRENCE D'ARGYRIS

Ce qui se passe vraiment

L'INFÉRENCE: Mes croyances influencent les informations que je retiendrai la prochaine fois et mes façons d'agir.

Ce que j'infère

Mes façons d'agir en fonction de mes croyances

Mes croyances et mes convictions

Les conclusions que j'en tire

La signification que je leur donne

Les informations que je retiens

Bien exposés dans le schéma de l'échelle d'inférence d'Argyris[27] (tableau 13), ces biais sont autant de facteurs de diminution de l'efficacité du gestionnaire-coach puisqu'ils influencent ses façons d'agir et la qualité de ses interactions avec ses employés.

Pour encore mieux illustrer les conséquences négatives de ces biais, reprenons la situation décrite dans le tableau 12. Dès le début de l'échange, le gestionnaire ne retient qu'une partie de l'information que l'employé lui communique. Préoccupé par un éventuel retard du projet, il oublie que l'employé a lui-même pris l'initiative de la rencontre pour en discuter. Le gestionnaire se demande plutôt comment il pourra expliquer ce retard à son supérieur. Bien

27. Senge, P. *et al. The Fifth Discipline Fieldbook*. New York, Doubleday, 1994, p. 243.

qu'il n'ait aucun motif de penser de la sorte, il évoque même l'hypo-thèse suivante : l'employé va certainement lui demander plus d'argent ou plus de ressources. Le gestionnaire cherche alors à se protéger en écartant cette éventualité avant même qu'elle ne soit soulevée par l'employé. Au cours de cette interaction, le gestion-naire, par les inférences qu'il fait, se rend lui-même inefficace. Com-ment ? En n'écoutant pas vraiment l'employé, en tirant de faus-ses conclusions et en ne cherchant pas à comprendre pourquoi il y a un risque de retard, tout comme ce qui pourrait être mis en œuvre pour éviter ce retard.

Le test personnel d'efficacité

Enfin, pour que le gestionnaire-coach puisse être efficace au cours d'un échange avec un employé tout en soutenant la rela-tion de coopération, il doit être en mesure d'atteindre son objec-tif sans créer d'effets secondaires indésirables. Pour obtenir ce double résultat, il doit pouvoir s'ajuster durant les échanges, en fonction des réactions de l'employé. Ce processus d'adaptation demande donc au gestionnaire-coach d'identifier, avant le début de l'échange, l'effet précis et observable qu'il veut produire chez l'employé pendant l'interaction. Mais il doit également com-prendre ce qui le motive à obtenir cet effet, observer les impacts de ses stratégies et, lorsque la situation l'exige, modifier ses inten-tions ou ses stratégies.

Mis au point par St-Arnaud[28], le test personnel d'efficacité peut justement aider le gestionnaire-coach à effectuer concrètement cette forme d'autorégulation dans l'action et à s'adapter en tenant comp-te des réactions de l'employé. Le test lui demande d'être attentif à ce qu'il ressent, mais aussi d'observer soigneusement les réactions de l'employé, qui se manifestent par le biais de comportements ver-baux ou non verbaux.

Dans le tableau 14, pour les fins du test personnel d'effica-cité, les couleurs des feux de circulation servent à coder les ressentis du gestionnaire-coach relativement aux réactions de l'employé.

---

28. St-Arnaud, Y. *op. cit.* 1999, pp. 88-101.

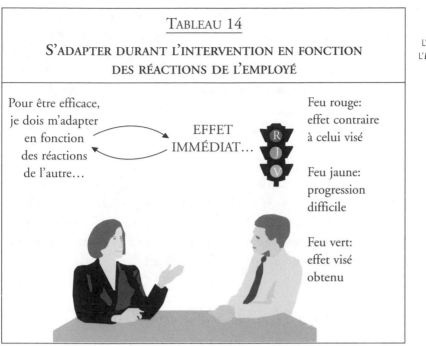

TABLEAU 14

S'ADAPTER DURANT L'INTERVENTION EN FONCTION
DES RÉACTIONS DE L'EMPLOYÉ

Pour être efficace, je dois m'adapter en fonction des réactions de l'autre…

EFFET IMMÉDIAT…

Feu rouge: effet contraire à celui visé

Feu jaune: progression difficile

Feu vert: effet visé obtenu

Le feu vert traduit l'expression d'un sentiment de plaisir chez le gestionnaire-coach, alors que les comportements verbaux et non verbaux de l'employé lui donnent l'impression que ce dernier est à l'aise avec l'objectif poursuivi et les moyens qu'il utilise. Par contre, le feu rouge réfère à un sentiment de déplaisir éprouvé par le gestionnaire-coach, à une impression désagréable du fait que les comportements verbaux et non verbaux de l'employé semblent indiquer des réticences ou encore un désaccord, que ce soit avec l'objectif poursuivi ou avec la façon dont l'entretien se déroule. Coincé entre le rouge et le vert, le feu jaune traduit un sentiment mitigé: le gestionnaire-coach estime que l'employé et lui-même progressent vers l'atteinte de l'objectif visé, mais que cette progression se fait difficilement.

Une fois qu'il est habitué à lire spontanément et instinctivement les effets qu'il produit chez l'employé, le gestionnaire-coach peut accroître son efficacité en modifiant ses comportements conformément aux trois éléments – stratégie, effet visé, motivation – qui caractérisent les trois boucles d'autorégulation du test personnel d'efficacité (tableau 15). La première de ces boucles correspond à revoir et à modifier les stratégies qu'il utilise pour obtenir le résultat recherché. La deuxième boucle lui permet de redéfinir ce résultat, donc de modifier l'effet visé. Quant à la troisième boucle, elle l'amène à s'interroger sur ce qui le motive à vouloir obtenir ce résultat et, éventuellement, à modifier la motivation en question.

L'action relative à la première boucle d'autorégulation est presque « naturelle ». En effet, dès que le gestionnaire-coach sent que ses propos provoquent une réaction négative chez l'employé, une réaction codée « rouge », il essaie de corriger son erreur[29] et tente de se reprendre en modifiant sa stratégie. Pour obtenir l'effet recherché, il va donc formuler autrement ce qu'il vient de dire en illustrant sa pensée de manière différente, en ajoutant des précisions ou des informations supplémentaires.

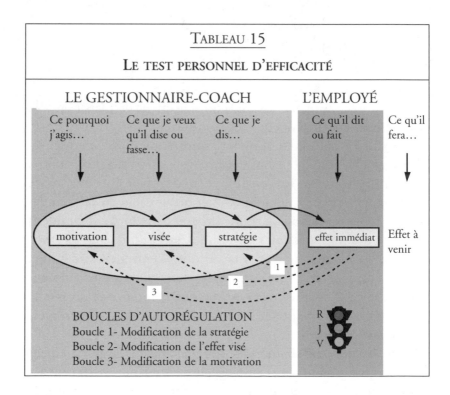

TABLEAU 15

LE TEST PERSONNEL D'EFFICACITÉ

LE GESTIONNAIRE-COACH   L'EMPLOYÉ

Ce pourquoi j'agis…   Ce que je veux qu'il dise ou fasse…   Ce que je dis…   Ce qu'il dit ou fait   Ce qu'il fera…

motivation   visée   stratégie   effet immédiat   Effet à venir

1
2
3

BOUCLES D'AUTORÉGULATION
Boucle 1- Modification de la stratégie
Boucle 2- Modification de l'effet visé
Boucle 3- Modification de la motivation

R
J
V

---

29. Le terme « erreur » ne met pas ici en cause les compétences ou la motivation du gestionnaire-coach. Il est plutôt utilisé pour indiquer qu'il n'atteint pas l'effet visé ou qu'il l'atteint en produisant des effets indésirables.

En principe, après trois «erreurs techniques» consécutives, c'est-à-dire après trois interventions verbales qui produisent des réactions codées «rouge», le gestionnaire-coach possède suffisamment d'indices pour conclure que sa visée est irréaliste et qu'il est lui-même en train de provoquer de la résistance. Pour éviter de créer une situation d'escalade, soit de générer un quatrième feu rouge, le gestionnaire-coach a alors tout intérêt à agir conformément à ce que prescrit la deuxième boucle d'autorégulation du test personnel d'efficacité. Par conséquent, il va modifier l'effet qu'il tente d'obtenir durant l'interaction ou encore reporter la discussion.

Si après avoir modifié sa stratégie puis sa visée, le gestionnaire-coach reçoit toujours des réactions codées «rouges» de la part de l'employé, il doit alors se demander ce qui l'incite réellement à vouloir obtenir l'effet qu'il recherche. En nommant les motivations qui le poussent à vouloir produire cet effet observable, il peut envisager d'y renoncer ou de faciliter l'émergence d'autres besoins qui lui permettraient de devenir plus efficace. D'ailleurs, en agissant conformément aux actions prescrites dans cette troisième boucle d'autorégulation, il n'est pas rare que le gestionnaire-coach découvre qu'il désire changer les attitudes ou les comportements d'un employé uniquement pour répondre à ses besoins personnels.

- Besoin de bien-être (Je voulais éprouver du plaisir lors de cette rencontre).
- Besoin de sécurité (Je voulais conserver les avantages financiers de mon poste).
- Besoin de considération (Je voulais qu'il me respecte comme personne).
- Besoin de compétence (Je voulais être efficace et atteindre mes objectifs).
- Besoin de cohérence (Je voulais qu'il comprenne ce pourquoi c'est important[30]).

Et pour réussir à nommer le plus explicitement possible les besoins qui l'incitent à poursuivre sa visée, le gestionnaire-coach peut se poser

---

30. St-Arnaud, Y. *op. cit.,* 1995.

la question suivante : « Pourquoi ce qui me choque me choque[31] » ? Sa réflexion autour de cette question l'amène généralement à se rappeler que chaque être humain a le droit d'être ce qu'il est et qu'il y a chez l'employé des facteurs qu'il ne peut pas contrôler. Partant de cette réalité, deux options décisionnelles s'offrent au gestionnaire-coach. D'une part, il peut décider s'il persiste ou pas à vouloir satisfaire ce besoin, quitte à vivre quelques frustrations s'il y renonce. D'autre part, s'il y a lieu, il peut choisir d'utiliser son pouvoir d'autorité pour contraindre l'employé à répondre à ses attentes.

L'efficacité du processus d'intervention du gestionnaire-coach

Enfin, pour réaliser et établir le plus efficacement possible une relation de coopération, qui est, ne l'oublions pas, à la base de l'engagement et de l'*empowerment* croissant des employés, le gestionnaire-coach doit également utiliser deux types de compétences : une compétence des contenus et une compétence relationnelle. La compétence des contenus lui permet d'évaluer les retombées ou les bénéfices de son intervention en fonction de quatre critères préétablis. La compétence relationnelle l'amène à choisir un processus d'intervention qui favorise précisément la création et le maintien d'une relation de coopération avec l'employé.

Les étapes du processus d'intervention

Pour atteindre ses objectifs en matière de création et de maintien d'une relation de coopération, le gestionnaire-coach a tout avantage à utiliser un processus d'intervention[32] qui se déroule en trois étapes : l'entrée, le déroulement et la conclusion[33].

---

31. St-Arnaud, Y. *Ibid.,* p. 156.

32. L'intervention fait ici référence à un ensemble de stratégies que le gestionnaire-coach entend utiliser sur une période de temps relativement longue pour créer une relation de coopération, susciter l'engagement et l'*empowerment* de ses employés ou améliorer leur performance. L'interaction est relative à un échange que le gestionnaire-coach se propose d'avoir sur un sujet donné avec un de ses employés.

33. Inspiré de Lescarbeau, R., Payette, M. et St-Arnaud, Y. *Profession : consultant.* 3e édition, Montréal, Les Presses de l'Université de Montréal, 1996, 381 p.

L'entrée marque le début de l'entretien ou de l'intervention. C'est une étape importante puisqu'elle permet d'établir le climat d'ouverture et de confiance nécessaire à la concertation. Le gestionnaire-coach et l'employé profitent donc de cette première étape pour créer un climat favorable à la discussion en échangeant des informations personnelles ou professionnelles. Ils s'entendent aussi sur l'objectif à atteindre et la façon de travailler ensemble. Exprimant leur volonté de s'influencer mutuellement, ils reconnaissent toute l'importance de leur collaboration. C'est également lors de cette phase que le gestionnaire-coach détermine ses stratégies en tenant compte des quelques principes ci-dessous.

- Dans un esprit de partenariat, chacun assume la pleine responsabilité des objectifs à atteindre et du bon déroulement de la rencontre.
- Pour créer la concertation, il est préférable d'éviter toute argumentation sur le contenu tant et aussi longtemps que le gestionnaire-coach et l'employé n'ont pas accepté de se laisser influencer.
- Il vaut mieux reconnaître l'existence d'un désaccord et renoncer au partenariat, plutôt que de se faire croire que tout va pour le mieux et d'en payer le prix plus tard sur les plans de la relation interpersonnelle et des résultats à atteindre.
- Plus les objectifs et les modes de fonctionnement sont clairs, plus il est facile de développer une relation de coopération et d'atteindre rapidement les objectifs visés.

Deuxième étape du processus d'intervention visant à créer et à maintenir une relation de coopération, le déroulement permet au gestionnaire-coach et à l'employé de concrétiser l'entente qu'ils ont conclue au début de leur entretien. Au cours de cette étape, le gestionnaire-coach et l'employé partagent l'information qu'ils possèdent par rapport à l'objet de la rencontre et conviennent des orientations à privilégier pour réaliser leur objectif. Ils se fixent également des priorités d'action et un échéancier de travail qui tient compte de ces priorités et clarifient leurs contributions respectives et celles que des tiers doivent apporter. Ils déterminent enfin quelles activités de suivi seront consécutives à leur échange, non pas dans la perspective de se contrôler l'un l'autre, mais plutôt pour s'assurer que leur projet commun progresse dans la bonne direction et à la bonne vitesse.

Pour le gestionnaire-coach, cette étape qui consacre le déroulement du processus d'intervention est exigeante. Elle fait bien entendu appel à ses qualités de planificateur et d'organisateur. Mais il doit aussi être constamment attentif à l'utilisation qu'il fait des trois clés (concertation, feed-back, responsabilisation) permettant de créer et de maintenir la relation de coopération. En règle générale, plus le gestionnaire-coach utilise son pouvoir hiérarchique pour atteindre ses objectifs, plus il y a des risques de conflits, de désaccords, d'ingérence ou de non-respect des pouvoirs exclusifs de l'un ou de l'autre des participants à l'échange.

Enfin, le gestionnaire-coach entre dans la troisième et dernière étape de ce processus d'intervention visant à créer et à maintenir une relation de coopération. Il profite de cette phase vouée à la conclusion de la rencontre pour faire le point sur le plan d'action et les modalités de suivi sur lesquels l'employé et lui-même se sont entendus, pour évaluer le déroulement de leur rencontre, pour partager les apprentissages respectifs issus de la rencontre et pour remercier l'employé de sa collaboration.

Les critères d'évaluation des bénéfices de la rencontre

Outre l'évaluation du processus d'intervention qui favorise la création et le maintien d'une relation de coopération, le gestionnaire-coach doit aussi évaluer les retombées, les bénéfices et les résultats significatifs de son intervention et de sa rencontre avec l'employé. Pour mener à bien cette seconde évaluation, nous lui suggérons de s'inspirer des quatre critères de performance proposés par Kirkpatrick[34].

---

34. Shrock, S. A. et Geis, G. L. «Evaluation», *Handbook of Human Performance Technology,* pp. 185-209, cité dans Stolovitch, H. D., Keeps, E. J. (dir.) *International Society for Performance Improvement.* San Francisco, Jossey-Bass Pfeiffer, 1999, 1003 p.

Le premier critère qui permet d'évaluer l'efficacité de l'intervention est relatif à la satisfaction de l'employé ou du groupe d'employés. Un employé satisfait est en effet plus enclin à s'engager et à se mobiliser pour contribuer à la réussite de l'entreprise.

Le deuxième critère réfère à l'ensemble des connaissances acquises. C'est pourquoi, à la fin de la rencontre ou de l'intervention, à l'étape de la conclusion, le gestionnaire-coach prend le temps nécessaire pour bien mesurer et connaître le niveau de compréhension de l'employé, mais aussi les améliorations que ce dernier aimerait voir apporter à la façon de travailler ensemble. L'évaluation du gestionnaire-coach porte également sur les besoins additionnels d'information de l'employé. Enfin, il concentre son observation sur les efforts que l'employé a investis à la fois pour s'approprier les nouvelles connaissances et pour se donner un plan d'action visant à favoriser leur transfert dans ses activités quotidiennes.

Enfin, les troisième et quatrième critères dont le gestionnaire-coach peut tenir compte pour mesurer l'efficacité de son intervention et de la rencontre avec l'employé sont relatifs aux modifications de comportements de l'employé ainsi qu'aux résultats obtenus. Signalons que ces deux derniers critères, tant les nouveaux comportements recherchés que les résultats, doivent être précisés dès le début de l'intervention. Par la suite, ils sont l'objet d'un suivi continu pour permettre au gestionnaire-coach de s'assurer que l'employé maintient les nouveaux comportements désirés et que les résultats obtenus sont en ligne avec les objectifs visés.

Les différences entre l'approche coaching proposée et les approches traditionnelles

Nous l'avons déjà mentionné, certains auteurs ou professionnels de la gestion considèrent le coaching comme un ensemble de techniques. Selon leur conception du coaching, pour agir comme coach, il suffirait tout simplement d'utiliser la bonne technique au bon moment et de la bonne façon.

TABLEAU 16

LES DIFFÉRENCES ENTRE L'APPROCHE COACHING PROPOSÉE ET L'APPROCHE TRADITIONNELLE

L'approche coaching proposée	L'approche coaching traditionnelle
Le gestionnaire-coach doit assumer six grandes responsabilités :	Le gestionnaire utilise les techniques suivantes :
• susciter l'engagement et l'*empowerment* de ses employés ; • déterminer les résultats collectifs et individuels à atteindre ; • créer une organisation du travail orientée sur l'atteinte des résultats ; • développer les compétences de ses employés ; • gérer la performance et l'amélioration continue ; • aider ses employés à devenir plus efficaces et plus autonomes.	• la technique du «feed-back» (ne pas confondre avec la clé du feed-back) pour dire à l'employé ce qu'il fait de bien et de moins bien ; • la technique «changement de comportements», si la technique du «feed-back» ne donne pas des résultats significatifs, pour mettre en évidence le ou les problèmes spécifiques qui découlent des comportements de l'employé et convenir avec l'employé des stratégies à mettre en place pour résoudre ces problèmes ; • la technique «responsabiliser», qui constitue l'arme ultime du gestionnaire si les deux premières techniques ne produisent pas les résultats escomptés, et qu'il doit utiliser pour mettre de nouveau en évidence les impacts des comportements indésirables de l'employé et les conséquences de ces comportements sur sa carrière professionnelle (son emploi dans l'entreprise) si l'employé n'apporte pas rapidement des correctifs.

L'approche coaching traditionnelle oblige donc le gestionnaire à mémoriser ces trois techniques, à se rappeler le contexte de leur utilisation, puis à respecter un processus de rencontre dont les étapes varient selon les objectifs visés par le gestionnaire. Précisons ici que lors des activités qui caractérisent le déroulement de ces étapes, le gestionnaire ne tient pas vraiment compte des réactions des employés. Cette lacune, ainsi que le nombre d'étapes à respecter, sans oublier le caractère «mécanique» de l'approche, semblent être autant de raisons et d'explications à l'incapacité de nombreux gestionnaires d'utiliser efficacement l'approche coaching traditionnelle. Ils préfèrent alors renoncer au coaching plutôt que de risquer de perdre la face devant leurs employés.

À l'opposé, comme nous l'avons découvert tout au long du présent chapitre, notre approche coaching demande au gestionnaire-coach d'agir comme un modèle, de se préoccuper à la fois du contenu, c'est-à-dire de l'objectif à atteindre, et de la qualité de sa relation avec l'employé. À cette fin, il peut utiliser les clés de la concertation, du feed-back et de la responsabilisation. Grâce à ces clés, il peut parvenir à créer et à maintenir une relation de coopération avec l'employé et l'amener ainsi à bien comprendre les objectifs à atteindre, les responsabilités qu'il doit assumer et les compétences qu'il doit développer pour améliorer son efficacité et son efficience.

Afin de limiter les conséquences négatives de ses biais personnels, tout en s'adaptant aux diverses réactions de l'employé tout au long de sa rencontre avec lui, le gestionnaire-coach peut également recourir à l'échelle d'inférence et au test personnel d'efficacité. Finalement, en mettant en œuvre un processus d'intervention qui favorise la création et le maintien de la relation de coopération, dont un terrain favorable à l'accroissement de l'engagement et de l'*empowerment* de l'employé, le gestionnaire-coach peut faciliter l'atteinte des résultats visés tout en mesurant l'efficacité de son intervention.

Chapitre 3

La deuxième responsabilité
du gestionnaire-coach:
DÉTERMINER LES RÉSULTATS COLLECTIFS
ET INDIVIDUELS À ATTEINDRE

*D*ans toute entreprise, la performance se définit à partir des résultats obtenus par l'organisation ou l'employé, tout au long de leur progression vers l'atteinte d'un objectif prédéterminé. Elle se mesure en fonction des résultats atteints, mais aussi des gestes et des efforts qui sont déployés pour atteindre ces résultats[1]. Il est donc de toute première importance que le gestionnaire-coach établisse d'emblée et très clairement les résultats collectifs et individuels qu'il désire atteindre. D'autant plus que ces résultats peuvent contribuer à assurer et à accroître l'engagement des employés et qu'ils servent également à définir les balises ou les paramètres de leur *empowerment.*

Cependant, pour être en mesure d'assumer cette deuxième responsabilité, soit de déterminer ces résultats collectifs et individuels à atteindre, le gestionnaire-coach doit partager avec ses employés un cadre de référence commun qui indique quels éléments déterminants président à la performance de leur entreprise. C'est précisément ce cadre de référence qui est l'objet du présent chapitre.

Dans ces conditions, le gestionnaire-coach et ses employés sont invités à partager leurs conceptions de ce qu'est l'entreprise.

---

1. Watkins, R. et Leigh, D. «Performance Improvement: More Than Just Bettering The Here-and-Now», *USA: Performance Improvement*, vol. 40, n° 8, septembre 2001, pp. 10-15.

Ce faisant, ils se donnent une idée plus précise des leviers avec lesquels ils peuvent jouer pour améliorer la performance de leur organisation. Plus encore, ils découvrent que le degré de performance dépend de l'environnement dans lequel l'entreprise évolue, de la culture qu'elle a développée au fil du temps, des finalités qu'elle poursuit, de l'organisation et des procédés de travail qu'elle se donne, puis des intérêts et du niveau de mobilisation de chacun des groupes qu'elle réunit.

Ainsi, pour orienter et harmoniser le plus possible les contributions de chaque gestionnaire et de chaque employé, tant le gestionnaire-coach que ses employés disposent d'un outil très efficace : la pyramide de la performance. Étage par étage, du sommet à la base, cette structure géométrique familière abrite les huit grandes dimensions qui déterminent la performance d'une entreprise. Cette pyramide permet aussi de saisir la complémentarité et l'interdépendance de chacune de ces dimensions. C'est pourquoi le gestionnaire-coach et ses employés peuvent l'utiliser pour identifier les dimensions de la performance de leur entreprise qui devront faire l'objet d'une attention particulière, et également pour s'assurer que l'ensemble de leurs efforts convergent dans une même direction.

Il ne reste ensuite au gestionnaire-coach et à ses employés qu'à formuler des objectifs mobilisateurs, individuels et collectifs, qui contribuent à la réussite de l'entreprise tout en soutenant leur mobilisation et leur responsabilisation respective. Ils peuvent enfin s'inspirer d'un processus d'élaboration et de suivi du plan d'affaires pour identifier les priorités de l'entreprise, clarifier les résultats à atteindre, en assurer le suivi et s'assurer que dans ce processus, ils apprennent de leurs bons coups et de leurs erreurs.

SECTION 1
Les différentes façons de concevoir l'entreprise

Nous l'avons vu précédemment, les spécialistes du management définissent le coaching et l'*empowerment* de façons différentes. Il ne faut donc pas se surprendre qu'ils aient également développé des façons différentes de concevoir l'entreprise.

Pour certains spécialistes de la gestion, la définition de l'entreprise se construit à partir de ses composantes, soit ses buts, ses façons de faire, les personnes qu'elle regroupe et la culture qui l'anime[2]. Tout gestionnaire-coach qui endosse une telle conception de l'entreprise va sans aucun doute opter pour une approche méthodique qui lui demande expressément de clarifier les cibles à atteindre, de détailler les processus de travail qui permettront d'obtenir des résultats, de définir les rôles et les responsabilités de chacun des employés et de concrétiser quotidiennement les valeurs et la culture que l'entreprise désire privilégier.

D'autres spécialistes de la gestion partagent une vision plus systémique des entreprises qu'ils décrivent comme des systèmes plus ou moins complexes, aux composantes toujours en interaction, des systèmes dont le tout diffère de chacune des parties. Pour eux, l'aspect dynamique des entreprises doit être au centre des préoccupations du gestionnaire-coach, qui, dans ces conditions, se doit donc de relever deux principaux défis. D'une part, il doit aligner les objectifs, les façons de faire ainsi que les ressources humaines, matérielles et financières de l'entreprise. D'autre part, il doit faciliter les interactions qui se produisent entre chacune des composantes de l'entreprise.

Enfin, un autre groupe de spécialistes du management définit plutôt l'entreprise comme une arène politique au sein de laquelle le gestionnaire-coach doit constamment négocier les intérêts divers et parfois contradictoires des clients, des actionnaires (les investisseurs), des décideurs (les gestionnaires), des employés (les producteurs) et du milieu social et législatif dans lequel l'entreprise évolue. Les clients recherchent le meilleur rapport qualité/prix alors que les actionnaires visent le meilleur retour sur leur investissement. Les décideurs désirent une plus grande rapidité d'action et le plus de flexibilité possible tandis que les employés aspirent à de meilleures conditions de travail

---

2. La culture organisationnelle se définit ici comme la somme des pratiques communes du groupe, comme les façons dont il préfère se comporter. Voir Tosti, D. et Jackson, S. « Get the Culture You Needed », in *News & Notes, International Society for Performance Improvement*, mai-juin 2000, p. 16. Selon Allaire et Firsirotu, la culture de l'entreprise correspond à ses valeurs, à ses prémisses de décision et d'action, à ses croyances, ses à expectatives, à ses traditions et à sa vision du monde. Voir Allaire, Y. et Firsirotu, M. *L'entreprise stratégique : penser la stratégie.* Montréal, Gaétan Morin Éditeur, 1993, pp. 8 et 385.

et d'avancement professionnel. Pour sa part, le milieu social et législatif recherche une entreprise qui agisse en citoyen responsable et qui contribue à son développement. Le gestionnaire-coach n'a donc pas d'autre choix que de devoir composer avec cette diversité d'intérêts souvent antinomiques. Par conséquent, il doit se préoccuper de l'importance de chacun des groupes en présence et minimiser les impacts que ses décisions peuvent avoir sur chacun d'eux[3].

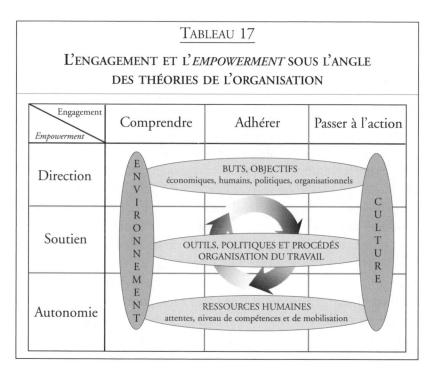

TABLEAU 17

L'ENGAGEMENT ET L'*EMPOWERMENT* SOUS L'ANGLE
DES THÉORIES DE L'ORGANISATION

Engagement / *Empowerment*	Comprendre	Adhérer	Passer à l'action
Direction		BUTS, OBJECTIFS économiques, humains, politiques, organisationnels	
Soutien		OUTILS, POLITIQUES ET PROCÉDÉS ORGANISATION DU TRAVAIL	
Autonomie		RESSOURCES HUMAINES attentes, niveau de compétences et de mobilisation	

S'inspirant de ces différentes conceptions de l'entreprise et des conditions qui permettent de concrétiser l'engagement et l'*empowerment* des employés, le schéma reproduit dans le tableau 17 comporte l'ensemble des éléments dont le gestionnaire-coach doit tenir compte dans le cadre de ses fonctions. Dans l'axe horizontal, on retrouve les trois grandes activités qui réfèrent à l'engagement : comprendre, adhérer et passer à l'action. L'axe vertical rappelle pour sa part que l'*empowerment* repose sur trois conditions : la direc-

3. Morin, E. M., Savoie, A. et Beaudin, G. *L'efficacité de l'organisation : Théories, représentations et mesures.* Montréal, Gaétan Morin Éditeur, 1994, 158 p.

tion, le soutien et l'autonomie. Quant au centre du tableau, il contient les éléments que le gestionnaire-coach doit harmoniser, soit l'environnement, la culture, les objectifs, l'organisation du travail ainsi que les attentes et les compétences des ressources humaines de l'entreprise. Les flèches circulaires suggèrent que tous ces éléments sont en interaction et qu'ils évoluent constamment.

SECTION 2
La pyramide de la performance

Pour identifier et harmoniser ses priorités d'intervention tout en s'assurant que ces priorités contribuent à la raison d'être de son entreprise, il nous semble tout à fait approprié d'inviter le gestionnaire-coach à se servir d'un outil particulièrement efficace développé par Lynch et Cross[4]. Il s'agit de la pyramide de la performance.

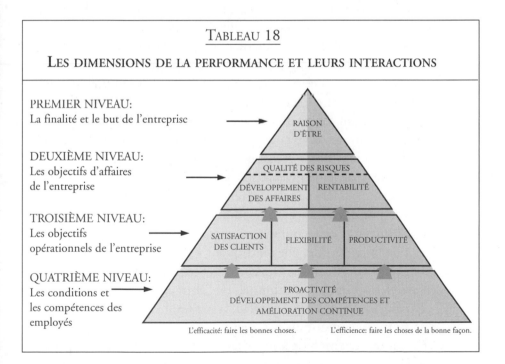

TABLEAU 18

LES DIMENSIONS DE LA PERFORMANCE ET LEURS INTERACTIONS

PREMIER NIVEAU:
La finalité et le but de l'entreprise → RAISON D'ÊTRE

DEUXIÈME NIVEAU:
Les objectifs d'affaires de l'entreprise → QUALITÉ DES RISQUES / DÉVELOPPEMENT DES AFFAIRES / RENTABILITÉ

TROISIÈME NIVEAU:
Les objectifs opérationnels de l'entreprise → SATISFACTION DES CLIENTS / FLEXIBILITÉ / PRODUCTIVITÉ

QUATRIÈME NIVEAU:
Les conditions et les compétences des employés → PROACTIVITÉ DÉVELOPPEMENT DES COMPÉTENCES ET AMÉLIORATION CONTINUE

L'efficacité: faire les bonnes choses.   L'efficience: faire les choses de la bonne façon.

4. Lynch, R. L. et Cross, K. F. *Measure Up! Yardsticks for Continuous Improvement.* Cambridge, Blackwell Publishers, 1991, 213 p.

Comme le démontre le tableau 18, cette pyramide de la performance est constituée de quatre niveaux. Le premier niveau, situé tout en haut, à la pointe de la pyramide, réfère à la raison d'être de l'entreprise, soit à sa finalité ou à son but.

Un étage plus bas, le deuxième niveau est celui des objectifs d'affaires de l'entreprise, soit les objectifs qu'elle vise à court, à moyen ou à long terme en matière de qualité des risques, de développement des affaires et de rentabilité. Ces objectifs traduisent en termes plus concrets les efforts que déploie l'entreprise pour concrétiser sa raison d'être. Si les objectifs relatifs au développement d'affaires et à la rentabilité sont placés côte à côte, c'est qu'ils revêtent une importance similaire et que leur équilibre est essentiel pour balancer en retour des risques rattachés au marché et les risques financiers, ce qui équivaut à assurer la pérennité de l'entreprise.

Immédiatement sous les objectifs d'affaires, le troisième niveau renferme les objectifs opérationnels de l'entreprise, soit des objectifs qu'elle se donne en matière de satisfaction des clients, de flexibilité et de productivité. Si la flexibilité occupe une place centrale, c'est qu'elle contribue simultanément à la satisfaction des clients et à la productivité. Quant aux deux flèches qui relient les objectifs du troisième niveau à ceux du deuxième niveau, elles ont une double signification. D'une part, l'atteinte des objectifs reliés à la flexibilité et à la satisfaction des clients est facilitée par le développement des affaires de l'entreprise. D'autre part, la flexibilité et la productivité contribuent à bonifier la rentabilité de l'entreprise.

Enfin, le quatrième niveau, soit la base de toute la pyramide de la performance, réfère aux compétences des employés et aux contributions qu'ils doivent apporter pour assurer la réussite de l'entreprise. Quant aux flèches qui relient ce quatrième niveau au troisième niveau de la pyramide, elles indiquent à quel point il est important que les contributions et les compétences des employés soient en lien avec les objectifs opérationnels de l'entreprise.

Par ailleurs, sur son axe vertical, la pyramide de la performance se découpe également en son centre, cette fois en deux parties. Cet ajout au schéma vise à rappeler que la réussite de l'entreprise dépend de deux qualités: son efficacité et son efficience. L'efficacité réfère ici à la capacité de faire les bonnes choses alors que l'efficience est relative à la capacité de les faire de la bonne façon. Plus exactement, l'efficience se définit comme le rapport entre le résultat obtenu et les efforts consentis[5].

Outil par excellence d'intégration et d'harmonisation des priorités d'intervention et de l'ensemble des dimensions que l'entreprise doit considérer pour améliorer sa compétitivité et se démarquer de ses concurrents, la pyramide de la performance peut dès lors être utilisée par le gestionnaire-coach pour :

- Amener ses collègues et ses employés à se donner un cadre de référence commun sur les composantes de la performance de l'entreprise et leur contribution respective à l'atteinte des résultats.
- Assurer la cohérence des objectifs que l'entreprise pourrait se donner sur une période donnée.
- Faire comprendre et souligner l'importance des contributions de chacun des employés à la réussite de l'entreprise.

Pour mieux se rendre compte de tout le potentiel de cet outil, voyons maintenant un peu plus dans le détail ce qu'il en est des huit dimensions de la performance, telles que contenues dans les quatre niveaux de la pyramide, tout en rappelant également la signification et les effets inhérents à leurs diverses interactions.

La raison d'être de l'entreprise

Chaque entreprise a sa propre raison d'être. Certains l'appellent mission[6] ou projet. En règle générale, cette raison d'être va de pair avec un certain nombre de précisions sur ses produits et services, sur sa clientèle ou les marchés qu'elle vise et sur la manière

---

5. Legendre, R. cité p. 476 dans Morin, E. M., Savoie, A et Beaudin, G., *op. cit.,* p. 80 ; Voyer, P. *Tableaux de bord de gestion.* Sainte-Foy, Presses de l'Université du Québec, 1994, p. 61 ; Martin, A. *La gestion proactive.* Ottawa, Institut supérieur de gestion, 1987, p. 177.
6. Graham, J. W. et Havlick, W. C. *Mission Statements: A Guide to the Corporate and Nonprofit Sectors.* New York et Londres, Garland Publishing Inc., 1994 ; Jones, P. et Kahaner, L. *Say It and Live It: The 50 Corporate Mission Statements that Hit the Mark.* New York, Doubleday, 1995.

dont elle compte s'y prendre pour fournir une valeur ajoutée (soit la qualité du produit, un meilleur rapport qualité/prix ou le prix le plus bas) à ses clients et se démarquer de ses concurrents[7].

La raison d'être de l'entreprise correspond souvent au projet initial qui animait ses fondateurs. Mais ce projet a toutefois avantage à être périodiquement revu, et ce, pour deux raisons principales. D'une part, pour faire un rappel du but commun qui réunit l'ensemble des ressources humaines de l'entreprise, mais vers lequel les efforts de tous doivent converger. D'autre part, pour s'assurer que le projet tient toujours compte de l'évolution des besoins des consommateurs, des progrès technologiques et de l'arrivée de nouveaux concurrents.

Puisque la raison d'être définit la finalité et parfois même les valeurs de l'entreprise, le gestionnaire-coach doit donc s'en inspirer dans deux situations précises. D'abord, pour orienter ses décisions et préciser les paramètres à respecter dans des situations urgentes ou difficiles[8]. À titre d'exemple, c'est la nature même de sa mission qui a amené la firme Johnson & Johnson à retirer les Tylenol du marché. Ensuite, pour faciliter le choix des priorités et les objectifs d'affaires de l'entreprise[9]. Par exemple, le Mouvement Desjardins demeure fidèle à sa mission en offrant des services à l'ensemble de la population plutôt qu'aux clientèles les plus fortunées comme le font la majorité de ses concurrents.

La qualité des risques

Tout projet d'entreprise comporte une part plus ou moins importante de risque. En effet, il y a risque lorsque les décideurs de l'entreprise font une lecture erronée des besoins du marché ou encore localisent leur entreprise à un endroit qui ne répondra pas aux attentes des consommateurs. Il y a risque s'ils se révèlent incapables de réunir

---

7. Lefebvre, G. *Le management d'aujourd'hui : savoir organiser, savoir décider.* Montréal, Les Éditions de l'Homme, 1975, p. 62.

8. Jones, P. et Kahaner. L. *Say it and Live it.* New York, Currency Doubleday, 1995, p. 136.

9. « La mission du Mouvement des caisses populaires et d'économie Desjardins ». Montréal, Société d'édition de la revue FORCES, n° 91, automne 1990, p. 12.

les ressources nécessaires à la production d'un produit de qualité ou s'ils exigent un prix trop élevé pour leurs produits ou leurs services. Il y a risque encore lorsque des erreurs de calcul les amènent à vendre leurs produits à un prix inférieur à leurs coûts de production. Il y a également risque si l'entreprise manque de liquidités ou de financement pour poursuivre ses activités ou son développement. Et quand l'entreprise est victime d'une fraude orchestrée par un membre de son personnel ou de la faillite d'un important client, elle se retrouve aussi dans une situation de risque.

De nos jours, du fait de la mondialisation des marchés, de la déréglementation ou de la sur-réglementation de certains secteurs d'activités économiques, les facteurs de risque auxquels l'entreprise doit faire face sont de plus en plus nombreux et complexes. Certains de ces facteurs découlent de décisions de l'entreprise alors que d'autres échappent complètement à son contrôle. À titre d'exemple, certains risques comme les risques de liquidités, d'endettement et de capitalisation dépendent des choix de l'entreprise. Mais d'autres risques relatifs aux stratégies commerciales des concurrents, à des changements législatifs, à l'évolution rapide des technologies ou à la fluctuation des taux de change et d'intérêts dépendent de facteurs externes beaucoup plus difficiles à contrôler.

Par ailleurs, plusieurs statistiques récentes qui renseignent sur la longévité des entreprises confirment à quel point il est important que l'entreprise se donne des objectifs ou des balises qui lui permettent d'éviter les situations de risque et de pouvoir atteindre ses objectifs d'affaires dans les meilleures conditions.

• Seulement 10 % des entreprises familiales réussissent à traverser le cap de la troisième génération et moins de 30 % survivent au-delà de la carrière de leur fondateur[10].
• Dans le milieu des années 1990, le taux annuel de disparition des compagnies faisant partie des 500 plus grandes entreprises identifiées par le magazine *Fortune* était de 1 %[11].

10. *Future Survey.* Maryland, Editor Michael Marien, vol. 21, n° 12, décembre 1999, p. 12.
11. Chambers, N. « The Really Long View », *Management Review,* New York, janvier 1998, pp. 11-15.

Le développement des affaires

Les objectifs rattachés au développement des affaires se concréti-sent généralement par des augmentations des ventes ou des vo-lumes d'affaires, c'est-à-dire par une hausse du nombre de clients ou une augmentation des parts de marché. Par le biais de ces objec-tifs, le gestionnaire-coach s'assure que les produits et les services de l'entreprise sont de qualité, qu'ils répondent toujours aux besoins des consommateurs et que les stratégies commerciales de l'entre-prise sont efficaces.

La rentabilité

Les objectifs de rentabilité correspondent pour leur part à des hausses de profits ou à des réductions de coûts, qu'il s'agisse des coûts d'acquisition des matières premières, des coûts de transfor-mation des produits (équipements et main-d'œuvre) ou encore des coûts de commercialisation (entreposage, transport, promotion et main-d'œuvre).

Au risque de nous répéter, il existe une étroite relation entre les objectifs de rentabilité de l'entreprise et ses objectifs en matière de développement d'affaires. En effet, pour être compétitive, l'entre-prise doit être rentable et pour être rentable, elle doit être com-pétitive.

À des fins de rentabilité, l'entreprise peut donc bonifier ses pro-fits en réalisant des économies d'échelle, ce qui signifie qu'elle doit réussir à augmenter ses ventes, donc ses volumes d'affaires, tout en maintenant ses coûts ou frais d'exploitation au même niveau. C'est également la rentabilité de l'entreprise qui lui permet d'absorber les impacts financiers d'un mauvais risque ou de dégager les marges de manœuvre financières que demandent son financement, son fonctionnement et son développement.

La satisfaction des clients

Par ailleurs, le développement des affaires passe par la satisfac-tion des clients et par la capacité de l'entreprise d'être suffisamment flexible pour répondre à leurs besoins. Par conséquent, pour satisfaire les clients de l'entreprise, le gestionnaire-coach doit faire en sorte que les produits et les services offerts répondent à leurs attentes plutôt qu'à la perception que l'entreprise s'en fait.

Pour connaître les attentes des clients actuels ou potentiels de l'entreprise, le gestionnaire-coach peut mettre en œuvre plusieurs stratégies. Il peut par exemple consulter périodiquement des clients de l'entreprise ou des groupes représentatifs de leurs besoins. Il peut également se tenir à l'affût des commentaires et des réactions des clients et porter une attention particulière aux observations et aux suggestions des employés qui sont en contact direct avec la clientèle.

En effet, si le gestionnaire-coach veut aider l'entreprise à se donner des objectifs d'amélioration efficaces, il n'a pas d'autre choix que de savoir en tout premier lieu à quel point les clients valorisent les caractéristiques des produits, leur prix et/ou la qualité des services offerts par le personnel.

Ainsi, pour sensibiliser les employés aux coûts rattachés à l'insatisfaction des clients de l'entreprise, le gestionnaire-coach peut décider de leur dévoiler différentes statistiques très éloquentes.

- Chaque client victime d'une mauvaise expérience la raconte à une moyenne de 5 à 15 autres personnes.
- Près de 13 % de ces personnes continueront de propager cette mauvaise expérience[12].
- En réduisant le taux de défection de ses clients de 5 %, une entreprise de services pourrait voir ses bénéfices augmenter de 25 à 85 %.
- Pour qu'un client demeure fidèle ou loyal à une institution financière, son taux de satisfaction doit être supérieur à 80 %[13].

Cela étant dit, en dépit des impacts et des coûts rattachés à l'insatisfaction des clients, plusieurs entreprises répètent parfois les

---

12. Harari, O. «Thank Heavens for Complainers». New York, *Management Review,* mars 1997, pp. 25-29.
13. Cullen, W. P. *The Employee, the Customer & the Financial Relationship... Where We Are, Where We Need to Go.* Banque Royale du Canada, Conference Board of Canada, février 1997, document inédit.

mêmes erreurs. Voici la liste de ces erreurs que le gestionnaire-coach avisé saura éviter en affichant une direction totalement contraire.

- Elles prennent leurs clients pour acquis, s'en préoccupent peu et ignorent ou négligent le fait que tôt ou tard elles en paieront le prix.
- Elles s'acharnent à satisfaire des clientèles qui ne sont pas ciblées par leurs objectifs d'affaires de sorte que leurs employés ne savent plus à quels saints se vouer et que les clients les plus profitables se sentent abandonnés.
- Elles se préoccupent de la satisfaction de leurs clients actuels sans tenir compte de leur nombre ou du fait qu'ils ne sont plus représentatifs du marché cible.
- Elles négligent de tenir compte des progrès technologiques.
- Elles sont attentives à des dimensions de la qualité qui ne répondent pas aux attentes de leur clientèle.
- Elles négligent les caractéristiques recherchées par les consommateurs ou paient des coûts additionnels pour des caractéristiques qui n'apportent aucune valeur ajoutée.

La productivité

La productivité, c'est la capacité de l'entreprise de tirer le maximum de ses ressources humaines, matérielles, technologiques, financières et informationnelles sans les mettre à risque par une mauvaise utilisation ou une surutilisation de ces mêmes ressources. C'est pourquoi, pour assurer cette productivité, le gestionnaire-coach doit utiliser un minimum de ressources pour fabriquer ou produire un maximum de ressources.

La productivité a un impact direct sur la rentabilité de l'entreprise et dépend en fait d'un mélange de facteurs humains, matériels et organisationnels. Ainsi, pour que l'entreprise soit et demeure productive, elle doit bien utiliser ses matières premières et entretenir ses équipements. Il lui faut aussi optimiser le temps et l'énergie que demandent ses processus d'affaires et de gestion (achat et facturation de biens et de services, gestion des ressources humaines, amélioration des procédés de transformation et de commercialisation). La productivité de l'entreprise est également liée au développement des compétences de ses employés[14], qu'elle doit donc favoriser. Enfin, pour tenir compte de la rapidité des progrès technologiques, de l'agressivité de ses concurrents et du rythme de renouvellement des connaissances que demande la réussite, l'entreprise doit assurer une veille (ou vigie) stratégique et de l'étalonnage *(benchmarking).*

Cependant, alors que les coûts relatifs au personnel représentent une portion importante des coûts de l'entreprise, le défi de la productivité crée un paradoxe dont les impacts sont difficiles à évaluer. En effet, si le succès des entreprises dépend de plus en plus des compétences et de l'engagement de leur personnel, leur rentabilité exige plus souvent qu'autrement des réductions significatives du nombre d'employés[15]. Sur le même sujet, un autre paradoxe important mérite d'être signalé ici. Plusieurs entreprises continuent de faire de la rationalisation de leurs effectifs leur principal cheval de bataille sans tenir compte du fait que les études démontrent que seulement 50 % des entreprises réussissent à accroître leurs bénéfices annuels grâce à cette stratégie[16]. C'est peut-être là une preuve que les décideurs n'ont pas toujours une vision intégrée des différentes dimensions de la performance et qu'ils ont aussi de la difficulté à se donner une vision à court et à long terme pour répondre aux exigences de réussite de l'entreprise.

La flexibilité

La flexibilité correspond à la capacité de l'entreprise:

- de livrer ses produits juste à temps;

---

14. La difficulté, aujourd'hui, ce n'est pas d'acquérir une éducation, mais bien de la conserver. Dans un délai variant entre trois et cinq ans, près de 60 % de nos habiletés seraient dépassées. Voir Prichett, P. *Mindshift.* USA, Price Prichett Inc, 1996, p. 60.

15. L'informatisation, l'automatisation et les nouveaux procédés de travail rendent en effet plusieurs emplois désuets. Une étude du gouvernement américain révèle que les 500 plus grands manufacturiers ont éliminé plus de quatre millions d'emplois entre 1982 et 1993; 70 % de ces emplois étaient détenus par des cols blancs. Voir Gordon, E. E. *et al. Future Work: the Revolution Reshaping American Business.* Wesport, Praeger Publishers, 1994, 294 p.

16. Fagiano, D. «The Legacy of Downsizing», *Management Review,* New York, juin 1996, p. 5.

- de répondre rapidement à l'attente particulière d'un client ;
- de développer rapidement de nouveaux produits ou services ;
- d'organiser le travail de manière à avoir la bonne personne à la bonne place, au bon moment, avec les bons outils et avec le bon bagage de compétences ;
- de déployer son personnel d'une activité à l'autre pour répondre aux besoins évolutifs de sa clientèle ou aux exigences des activités ;
- de réduire ses coûts d'inventaire et de manutention ; et
- de planifier la relève de son personnel.

Ça n'est donc pas pour rien que la flexibilité se place au cœur même de la pyramide de la performance de l'entreprise. Les multiples contributions qu'elle peut apporter à l'atteinte des résultats lui donnent toute légitimité d'occuper cette place centrale. Ainsi, une entreprise qui mise sur la flexibilité ne peut que bonifier le développement des affaires et la rentabilité tout en contribuant à l'amélioration de la satisfaction de ses clients et de sa productivité. La flexibilité est toutefois dépendante des compétences et de l'engagement du personnel de l'entreprise. Plus exactement, elle se fonde sur des employés capables de s'adapter aux nouvelles attentes des consommateurs et d'utiliser de nouvelles technologies pour accroître leur productivité ou encore la qualité des produits vendus par l'entreprise. Toujours pour répondre à la logique de la flexibilité, ces employés doivent également être en mesure d'assumer de nouvelles responsabilités, comme l'identification et la sollicitation des clients potentiels, ou de modifier leurs procédés de travail pour répondre plus rapidement aux attentes particulières des clients.

Les activités quotidiennes et les compétences du personnel

« L'organisation n'est en somme que ceux qui la font, les personnes[17] ». Ce qui revient à dire que toute performance d'une entre-

---

17. Dionne, P. et Roger, J. *Le stratège du XXIᵉ siècle : Vers une organisation apprenante*. Montréal, Gaétan Morin Éditeur, 1997, p. 1.

prise repose sur les compétences des employés, sur leurs contributions et sur leur capacité de profiter de leurs interactions avec les clients pour apprendre et s'améliorer. Développer de nouvelles compétences, améliorer la qualité des produits et des services, réduire les délais de livraison, de fabrication ou les pertes de temps, d'argent ou de matériel, sont autant de contributions directes des employés à la satisfaction des clients, mais aussi à la flexibilité et à la productivité de l'entreprise. Leurs actions et leurs habiletés leur permettent également de contribuer à la performance de l'entreprise en ce qui concerne le développement des affaires, la rentabilité et la qualité des risques.

Ainsi, à chacun des niveaux de la pyramide, les contributions des employés créent un « effet domino » ou une véritable chaîne de valeur ajoutée. Quand un client satisfait raconte son expérience, il contribue à accroître les ventes et, ce faisant, à améliorer la rentabilité de l'entreprise. Et quand un employé découvre une façon plus rapide de fabriquer un produit ou de rendre un service, il contribue lui aussi à l'amélioration de la productivité et de la rentabilité de l'entreprise. Riche de tous ces gains de performance, l'entreprise dispose alors d'un plus grand nombre d'options stratégiques. En effet, en devenant plus rentable, l'entreprise peut :

• accroître ses offensives marketing pour développer de nouveaux marchés ou de nouveaux produits ;
• réduire le coût de ses produits et services ;
• améliorer la qualité de ses produits sans augmenter leur prix ;
• participer au développement de sa communauté par le biais de dons et de commandites ;
• investir dans l'achat d'outils plus performants, dans le développement des compétences de son personnel et dans la préparation de la relève ;
• attirer dans ses rangs une main-d'œuvre de qualité ;
• partager avec ses employés la totalité ou une partie des bénéfices additionnels obtenus en instaurant un régime de rémunération incitative ou d'autres systèmes de récompense.

SECTION 3
L'élaboration d'objectifs mobilisateurs

> La mesure, c'est ce qui rend les choses visibles et tangibles. Les choses que l'on mesure deviennent significatives, celles que l'on ne mesure pas sont perdues de vue et elles échappent à notre attention[18].

Cette affirmation relative à la mesure est en quelque sorte le leit-motiv du gestionnaire-coach puisqu'il sait que la performance de son entreprise doit être évaluée à partir d'indicateurs précis. Il considère également que « les stratèges efficaces ne sont pas ceux qui se coupent des détails quotidiens, mais au contraire ceux qui s'y immergent tout en étant capables d'abstraire les messages stratégiques de cette réalité[19] ». Le gestionnaire-coach sait enfin à quel point il est important que l'entreprise et son personnel se donnent des objectifs, à moyen ou à long terme, pour couvrir les aspects stratégiques de la performance, et à court terme en relation avec ses aspects plus opérationnels.

Le tableau 19 présente les résultats d'une étude menée par la firme William Schiemann & Associates Inc.[20]. Ces résultats illustrent à quel point il est utile et important qu'une entreprise dispose d'indicateurs de performance qui lui permettent, d'une part, d'établir le résultat à atteindre, d'autre part, d'évaluer son niveau d'atteinte[21]. Il apparaît clairement que les entreprises qui utilisent de tels indicateurs de performance se démarquent de celles qui ne le font pas et ce, sur le plan du leadership, soit de l'influence

---

18. Citation attribuée à Drucker, P. par Betchell, M. L. *The Management Compass: Steering the Corporation Using Hoshin Planning.* New York, AMA Management Briefing, 1995.

19. Mintzberg, H. « Pièges et illusions de la planification stratégique », *Revue Gestion,* février 1994, pp. 66-74 et p. 71.

20. L'étude rapportée par *Management Review* a été réalisée auprès de 203 gestionnaires provenant d'entreprises associées à divers secteurs d'activités.

21. Le résultat à atteindre peut s'exprimer par rapport à un niveau de ressources standard, comparatif, historique ou complètement nouveau.

qu'elles exercent dans leur industrie, mais aussi sur le plan de leurs résultats financiers. Ces entreprises se distinguent également des autres du fait qu'elles sont capables de réussir des changements opérationnels et culturels importants, tels des virages ventes, une réingénierie des processus d'affaires ou l'acquisition et l'intégration d'entreprises concurrentes.

Dans le cadre de cette étude, les chercheurs rattachés à la firme considéraient qu'une entreprise utilisait des indicateurs de performance dès que ses gestionnaires s'entendaient sur les objectifs prioritaires à atteindre et qu'ils effectuaient un suivi d'au moins trois indicateurs de performance, à raison de deux fois ou plus par année.

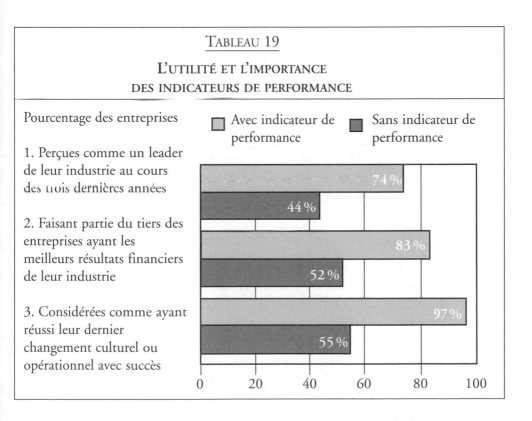

TABLEAU 19

L'UTILITÉ ET L'IMPORTANCE
DES INDICATEURS DE PERFORMANCE

Cette étude confirme toute l'importance de la nature même des indicateurs de performance qui sont utilisés pour mesurer la performance de l'entreprise. À ce sujet, il est d'ailleurs intéressant de constater que les entreprises qui se démarquent le plus de leurs concurrents utilisent des indicateurs qui se rapportent à plusieurs des huit dimensions de la pyramide de la performance :

- 98 % des entreprises utilisent l'indicateur « satisfaction des clients » ;
- 82 % des entreprises utilisent l'indicateur « résultats financiers » ;
- 76 % des entreprises utilisent l'indicateur « performance opérationnelle » ;
- 57 % des entreprises utilisent l'indicateur « productivité du personnel » ;
- 44 % des entreprises utilisent l'indicateur « capacité d'innovation et de changement » ;
- 33 % des entreprises utilisent l'indicateur « niveau d'engagement dans la communauté ».

Pour toutes ces raisons, le gestionnaire-coach doit pouvoir élaborer et formuler des objectifs liés aux huit grandes dimensions de la pyramide de la performance, des objectifs qui se rapportent à des indicateurs mesurables et favorisent la mobilisation, donc l'engagement des employés. Voyons dans ce qui suit comment il est possible d'établir de tels objectifs et ce que cela requiert de la part du gestionnaire-coach.

Les caractéristiques des bons objectifs : être SMART

Pour que des objectifs favorisent l'engagement et l'*empowerment* des employés, ils se doivent d'être SMART. Si nous nous permettons d'utiliser ici cet acronyme anglais, c'est qu'il est très commode et permet d'indiquer très précisément les cinq grandes caractéristiques que revêtent des objectifs mobilisateurs, soit des objectifs Spécifiques, Mesurables, orientés sur l'Action, Réalistes et encadrés par des limites de Temps et de ressources disponibles.

Un objectif Spécifique décrit de façon précise le résultat final qui doit être atteint (le quoi), tout en laissant à la personne qui en assume la responsabilité le soin de déterminer comment cet objectif sera réalisé. Par exemple, plutôt que de parler d'augmenter en général la productivité, il est préférable de formuler un objectif spécifique visant à accroître de cinq le nombre de demandes d'autorisation de crédit traitées par employé.

Un objectif est Mesurable lorsqu'il contient un indicateur observable, c'est-à-dire un nombre ou un pourcentage qui permet d'établir que le résultat est atteint ou de mesurer la progression vers l'atteinte du résultat. Cet indicateur doit être significatif, c'est-à-dire avoir du sens, pour la personne qui est en charge de la réalisation de l'objectif. Une opération de sollicitation téléphonique auprès de 200 nouvelles personnes par semaine dans le but de conclure des ventes avec 20 nouveaux clients, voilà à quoi correspond plus précisément un objectif Mesurable.

TABLEAU 20

EXEMPLES DE VERBES PERMETTANT AUX OBJECTIFS D'ÊTRE ORIENTÉS SUR L'ACTION

Accroître	Créer	Freiner	Produire
Acheter	Définir	Gagner	Réaliser
Aider	Documenter	Implanter	Recruter
Ajouter	Développer	Identifier	Rechercher
Améliorer	Égaler	Inclure	Réduire
Analyser	Élargir	Introduire	Répertorier
Apprendre	Éliminer	Investir	Restreindre
Augmenter	Établir	Lancer	Réviser
Autoriser	Étudier	Maintenir	Suivre
Changer	Évaluer	Modifier	Vendre
Choisir	Faire	Négocier	
Compléter	Fidéliser	Organiser	
Contrôler	Formuler	Planifier	
Corriger	Fournir	Prévoir	

Le gestionnaire-coach doit aussi s'assurer que les objectifs qu'il propose sont orientés sur l'Action. C'est la raison pour laquelle l'énoncé qui sert à présenter l'objectif se doit de décrire directement et simplement le résultat à atteindre ainsi que l'action qui doit être mise en œuvre pour parvenir à ce résultat. L'utilisation de verbes d'action (tableau 20) peut aider les personnes responsables à comprendre plus facilement la nature des résultats visés. C'est le cas par exemple lorsqu'il s'agit de réduire de dix à cinq minutes le temps requis pour vérifier la qualité et la conformité des soudures d'un circuit électronique.

Les objectifs mis de l'avant par le gestionnaire-coach doivent aussi être Réalistes de manière que les employés acceptent d'investir leurs efforts et leurs énergies dans leur réalisation. Cependant, pour que les employés considèrent un objectif comme réaliste, il est préférable que le résultat visé soit réalisable, pratique, qu'il représente un défi et que sa mise en œuvre relève du «contrôle» de la personne qui en assume la responsabilité. Par exemple, un démarcheur obtient actuellement cinq nouveaux contrats sur une base hebdomadaire. Les employés peuvent dès lors considérer qu'il est trop facile de réaliser un nouvel objectif de six contrats et risquent de juger complètement irréaliste un objectif de 10 contrats.

Enfin, la dernière caractéristique d'un objectif mobilisateur, c'est qu'il doit s'inscrire dans des limites de Temps et de ressources disponibles. À titre d'exemple, un tel objectif peut viser l'augmentation du taux d'utilisation des transactions automatisées de 78 à 82,5 % en implantant deux nouveaux guichets automatiques sans accroître le budget de 50 000 $ alloué à la publicité. Par conséquent, lors de la formulation de ses objectifs mobilisateurs, le gestionnaire-coach doit être très précis et indiquer, d'une part, le délai dans lequel le résultat doit être atteint, d'autre part, les contraintes spécifiques en termes d'utilisation de ressources que le ou les employés qui ont la responsabilité de l'objectif devront respecter.

La division des objectifs en sous-objectifs individuels ou collectifs

Les objectifs que propose le gestionnaire-coach se doivent donc d'être SMART. Mais pour qu'ils soient davantage significatifs, il est préférable de les diviser en sous-objectifs individuels ou collectifs que les employés utiliseront pour les traduire en résultats opérationnels et en priorités d'action.

Cette division ou cette répartition d'objectifs individuels ou collectifs doit se faire avec la plus grande minutie. En effet, si les sous-objectifs sont trop détaillés, ils peuvent avoir des effets démobilisateurs, car les employés auront l'impression de se faire imposer des choses, de se faire dire quoi faire et comment le faire. Par contre, si les sous-objectifs sont trop généraux, ils risquent de ne pas être suffisamment spécifiques et orientés sur l'action, par conséquent d'être hors du contrôle de l'employé ou du groupe d'employés qui doivent en assumer la responsabilité.

Pour trouver le juste équilibre, le gestionnaire-coach doit tenir compte de l'expertise de ses employés en ce qui a trait à la formulation des objectifs et à l'élaboration des plans d'action. Si l'expertise de ses employés est peu développée, le gestionnaire-coach ne doit pas hésiter à se faire très explicite sur le type de résultats qu'ils doivent obtenir pour que les objectifs collectifs soient atteints. Au contraire, si les employés possèdent un certain niveau d'expertise, le gestionnaire-coach doit plutôt leur faire confiance et se fier à leur autonomie, c'est-à-dire à leur capacité de recevoir l'information sans la déformer, de faire des choix et d'en assumer la responsabilité.

Le gestionnaire-coach doit donc découvrir lui-même le niveau d'équilibre le plus approprié et préciser le quoi faire et le comment le faire pour que ses employés soient en mesure de bien visualiser les contributions qu'ils doivent apporter à la réalisation et à l'atteinte des objectifs. Il est aussi important que les employés considèrent leurs objectifs comme des sources d'information, d'apprentissage et de motivation et non comme des outils de contrôle[22].

Le tableau 21 fournit un bon exemple de ce que peut être la division d'un objectif en sous-objectifs.

---

22. Judson, A. S. *Making Strategy Happen: Transforming Plans into Reality.* Massachusetts, Cambridge Basil Blackwell Ltd, 1990, 250 p.

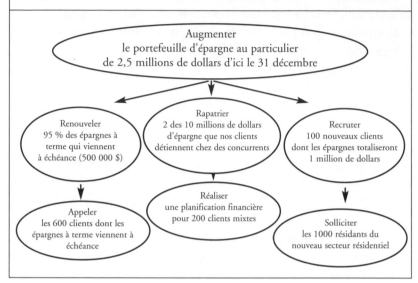

TABLEAU 21

EXEMPLE DE DIVISION D'UN OBJECTIF EN SOUS-OBJECTIFS

SECTION 4
Le processus d'élaboration
et de suivi du plan d'affaires de l'entreprise

Le choix des résultats collectifs et individuels à atteindre dans une entreprise est une activité exigeante. Plus souvent qu'autrement, le gestionnaire-coach reçoit une montagne d'informations dont il doit extraire les données les plus significatives pour l'amélioration de la performance de l'entreprise. Simultanément, il doit veiller à conserver une perspective à long terme, donc plus stratégique, et une perspective à court terme, donc plus opérationnelle.

Il va sans dire que le traitement de cette masse d'informations accapare beaucoup de son temps et l'amène bien souvent à négliger ses responsabilités par rapport à l'engagement et à l'*empowerment* de ses employés. Néanmoins, pour éviter qu'une telle situation se produise, le gestionnaire-coach peut, d'une part, mettre en place un processus d'élaboration et de suivi du plan d'affaires de l'entreprise, et, d'autre part, tenter de maximiser la participation de ses employés. Entre autres avantages, ce processus permet à l'entreprise de disposer d'un plan d'affaires de qualité et contribue à l'engagement et à l'*empowerment* des employés qui y participent. Il permet de concentrer les efforts sur l'atteinte de résultats précis et contribue à l'amélioration des compétences et de la performance de l'entreprise et de ses employés.

Voyons dans ce qui suit quelles sont les principales étapes de ce processus d'élaboration et de suivi du plan d'affaires de l'entreprise. Nous en profiterons également pour identifier les pièges que le gestionnaire-coach doit éviter au moment de l'élaboration et de l'implantation du plan d'affaires de l'entreprise[23].

Les principales étapes du processus

Le tableau 22 expose les cinq grandes étapes du processus d'élaboration et de suivi du plan d'affaires, soit :

- le choix ou la révision de la raison d'être de l'entreprise ;
- l'analyse de sa situation présente ;
- l'identification des enjeux prioritaires ;
- l'identification des objectifs et sous-objectifs d'affaires ;
- l'élaboration des plans d'action et des budgets ;
- le suivi des hypothèses de travail et des résultats.

Mais avant de passer à la description détaillée de chacune de ces étapes, il est nécessaire et important de comprendre quelle dynamique anime le processus d'élaboration et de suivi du plan d'affaires. Dans le tableau 22, cette dynamique est figurée par trois flèches qui relient entre elles certaines des étapes du processus.

---

23. Pour plus d'informations sur les plans d'affaires, voir Pfeiffer, W. J. *et al. Shaping Strategic Planning*. Glenview, Illinois, University Associates Inc., 1989, 295 p. ; Judson, A. S. *Making Strategy Happen: Transforming Plans into Reality*. Cambridge, Massachusetts, Basil Blackwell Ltd, 1990, 250 p. ; Sapp, R. W. et Smith, R. W. *Strategic Management for Bankers*. Oxford, Ohio, The Planning Forum, 1984, 224 p. ; Hellebust, K. G. et Krallinger, J. C. *Strategic Planning Workbook*. New York, John Wiley & Sons, 1989, 331 p. ; Robert, M. *Strategy Pure & Simple: How Winning CEOs Outthink Their Competition*. New York, McGraw-Hill, Inc., 1993, 228 p.

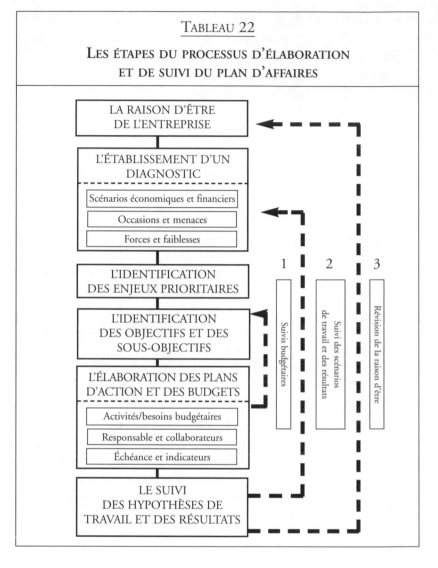

TABLEAU 22

LES ÉTAPES DU PROCESSUS D'ÉLABORATION
ET DE SUIVI DU PLAN D'AFFAIRES

Chacune de ces flèches représente une boucle de rétroaction, ce qui signifie que les résultats relatifs à une étape viennent ajouter de nouvelles informations par rapport à celles qui étaient détenues lors d'une étape antérieure.

À titre d'exemple, la première flèche indique qu'il est possible que l'entreprise soit forcée de revoir certains de ses objectifs après l'étape de l'élaboration de ses plans d'action et de ses budgets. Ce sera le cas si les plans d'action déposés par les gestionnaires sont tous pertinents, mais qu'ils requièrent des enveloppes budgétaires que l'entreprise ne peut autoriser.

La deuxième flèche indique que les résultats obtenus doivent être interprétés à la lumière des scénarios économiques et financiers qui avaient été établis dès le début du cycle de planification. Dans cette optique, il serait normal qu'une entreprise ne réalise pas ses objectifs de vente si le boom économique prévu par les experts ne se réalise pas et que l'on fait plutôt face à une récession. Toutefois, devant un tel constat, l'entreprise doit revoir ses enjeux, ses objectifs et ses plans d'action en tenant compte de la nouvelle réalité économique et financière. Cette deuxième flèche illustre aussi le fait qu'à la fin d'un premier cycle de planification, le bilan de l'ensemble des résultats obtenus va servir à alimenter le diagnostic du prochain cycle de planification, donc à réduire le temps que cette étape pouvait exiger.

Enfin, la troisième flèche indique que l'évaluation des résultats peut aussi amener l'entreprise à revoir sa raison d'être ou son existence. La décision de Polaroid de se mettre sous la protection des lois sur la faillite à la suite de l'arrivée de la photo numérique exemplifie très bien cette situation.

Les diverses étapes du processus d'élaboration et de suivi du plan d'affaires ainsi que leurs trois boucles de rétroaction, permettent de réaliser l'intégration de la planification stratégique, opérationnelle et budgétaire de l'entreprise, une intégration que plusieurs entreprises recherchent, mais qu'elles ont de la difficulté à réaliser.

Voyons maintenant un peu plus dans le détail ce qu'il en est des caractéristiques de chacune des étapes de ce processus.

Le choix ou la révision de la raison d'être de l'entreprise

Lors de la première étape du processus d'élaboration et de suivi du plan d'affaires, l'entreprise doit définir ou revoir sa mission ou sa raison d'être. Pour ce faire, les dirigeants et les gestionnaires s'assurent que la raison d'être de l'entreprise répond toujours aux impératifs du marché, qu'elle est bien comprise et qu'elle oriente le choix des objectifs et les décisions importantes de l'entreprise. Bien qu'il soit peu fréquent qu'une entreprise modifie sa raison d'être, il peut être nécessaire d'user d'une telle procédure, entre autres lors de l'établissement d'un nouveau cadre législatif. C'est d'ailleurs ce qui s'est produit au Québec dans le domaine de l'assurance automobile avec l'introduction d'une assurance gouvernementale sans égard à la faute. La raison d'être d'une entreprise peut également être déterminée et modifiée par les progrès technologiques. Cela a été le cas au moment du remplacement du disque en vinyle par les disques compacts, ou encore, dans le domaine de l'audiovisuel, lors du remplacement des équipements analogiques par des équipements numériques. De ce fait, cette étape est stratégique et le gestionnaire-coach doit y consacrer tout le temps et l'énergie qu'elle demande.

L'analyse de la situation de l'entreprise

La deuxième étape du processus d'élaboration et de suivi du plan d'affaires est réservée à l'analyse de la situation de l'entreprise. À ce stade, il faut dresser un diagnostic de la situation actuelle de l'entreprise, de ses forces et de ses faiblesses, puis des événements externes, c'est-à-dire les occasions et les menaces susceptibles d'influencer son développement, sa performance ou sa compétitivité.

Pour que ce diagnostic soit probant, il doit couvrir l'ensemble des facettes qui ont trait à la performance de l'entreprise, soit sa qualité de risques, sa capacité de développement d'affaires, sa rentabilité, la satisfaction de ses clients, sa flexibilité, sa productivité, sans oublier la proactivité et les compétences de son personnel.

Par ailleurs, au moment de l'identification des occasions et des menaces externes qui risquent d'influencer son développement, sa performance et sa compétitivité, le gestionnaire-coach doit considérer plusieurs facteurs.

- Les données économiques et socio-démographiques que l'entreprise utilise comme hypothèses de travail pour bâtir son plan.
  Par exemple : les taux d'intérêt, les taux d'inflation, les taux de chômage, le pourcentage de croissance du marché, etc.
- L'évolution des lois et règlements qui régissent le secteur d'activités économiques dans lequel l'entreprise s'inscrit.

Par exemple : la révision de la réglementation régissant la profession d'enseignant.
- Les innovations technologiques
Par exemple : l'impact d'Internet et des transactions en ligne sur les modes de distribution traditionnels des produits de l'entreprise.
- L'évolution de l'industrie et les orientations qu'elle privilégie.
Par exemple : l'impact du téléphone cellulaire sur les réseaux de communications traditionnels.
- Les stratégies que les concurrents actuels et potentiels de l'entreprise peuvent mettre de l'avant.
Par exemple : la guerre de prix, l'utilisation de démarcheurs, le redéploiement des réseaux de vente ou de distribution.

Enfin, le gestionnaire-coach peut réussir à évaluer efficacement les forces et les faiblesses de l'entreprise en se posant les questions suivantes et en s'inspirant des réponses qu'elles génèrent :

- Quelles sont les causes de la satisfaction des clients et les raisons de leur insatisfaction ?
- Dans quelles activités l'entreprise réussit-elle mieux ou moins bien que ses concurrents ?
- L'entreprise a-t-elle toutes les ressources financières, matérielles, informationnelles et humaines dont elle a besoin pour réussir ?
- Le prix des produits de l'entreprise et ses coûts d'exploitation sont-ils concurrentiels ?
- Dans les façons de faire, dans les procédés de l'entreprise ou dans la charge de travail des employés, y a-t-il des duplications, des goulots d'étranglement, des zones grises ou des activités à faible valeur ajoutée ?

L'identification des enjeux

Un enjeu, c'est l'équivalent d'un défi que l'entreprise doit relever de manière à réaliser une ou plusieurs des occasions prévues dans le diagnostic ou encore à réduire les risques associés à une ou plusieurs menaces que le diagnostic a permis d'identifier.

Le fait de relever ou non ce défi peut se traduire par un gain ou une perte pour l'entreprise. C'est pourquoi l'identification des enjeux représente une étape très importante du processus d'élaboration et de suivi du plan d'affaires. À titre d'exemple, prenons le cas d'une entreprise désireuse d'ouvrir une succursale dans un nouveau secteur géographique. L'enjeu peut alors se rapporter à plusieurs défis : accroître ou maintenir ses parts de marché, augmenter sa clientèle dans le segment des personnes âgées ou encore mettre en place une planification de main-d'œuvre pour s'assurer que l'entreprise disposera du personnel qualifié nécessaire pour répondre à ses besoins futurs.

Au cours d'une année, une entreprise peut avoir à relever plusieurs défis. Et comme cela est indiqué dans la pyramide de la performance, ces défis peuvent concerner le développement des affaires, les résultats financiers, la qualité des risques, la satisfaction des clients, la flexibilité des services, des employés et de l'organisation du travail, la productivité ou les compétences des gestionnaires et des employés. Cependant, il est possible que cette entreprise, disposant de moyens limités, ne soit pas en mesure de relever tous ces défis. Il est donc de toute première importance que le gestionnaire-coach identifie quels sont les enjeux prioritaires. Pour ce faire, il peut se servir de la grille de travail qui permet d'identifier et d'évaluer la teneur des enjeux (tableau 23). Cette grille permet de mettre en relation les occasions d'affaires, les menaces ainsi que les forces et les faiblesses de l'entreprise.

TABLEAU 23

GRILLE D'IDENTIFICATION ET D'ÉVALUATION DES ENJEUX

Analyse de la situation	Externe		Interne		Résultats
	Occasion	+	Force	=	Enjeu prioritaire
		+	Faiblesse	=	Enjeu moins prioritaire
	Menace	+	Force	=	Enjeu moins prioritaire
		+	Faiblesse	=	Enjeu prioritaire

Pour illustrer le mode d'utilisation de cette grille, imaginons le scénario suivant. Un nouveau marché se développe à proximité de l'entreprise. L'entreprise peut donc décider d'avoir pour défi ou pour enjeu le développement de ce marché avant que ses compétiteurs ne le fassent. Si l'entreprise est réputée pour le professionnalisme et l'efficacité de ses équipes de vente, cet enjeu devient prioritaire. Par contre, si les vendeurs de l'entreprise n'ont pas les compétences requises pour répondre aux attentes de ce nouveau marché, il faut que l'entreprise développe d'abord les compétences de son personnel avant de s'attaquer à ce nouveau marché. Compte tenu du temps que peut demander le développement de ces compétences, l'enjeu qui consiste à percer ce nouveau marché peut être alors moins prioritaire, surtout si les concurrents de l'entreprise sont déjà bien placés pour s'y attaquer.

La même règle s'applique en ce qui a trait aux menaces. Si l'entreprise prévoit qu'elle devra faire face à une guerre de prix menée par un concurrent et qu'elle n'a aucune marge de manœuvre pour y faire face, un de ses enjeux prioritaires sera de pallier cette situation. À l'inverse, si l'entreprise est très solide sur le plan financier, l'enjeu devient moins prioritaire puisqu'elle dispose des moyens qui lui permettent de faire face aux offensives de ses concurrents.

Somme toute, plus le diagnostic de l'entreprise est de qualité, plus il est facile d'identifier les enjeux prioritaires auxquels elle doit faire face.

L'identification des objectifs et des sous-objectifs

Lors de l'étape suivante du processus d'élaboration et de suivi du plan d'affaires, le gestionnaire-coach est amené à identifier les objectifs et les sous-objectifs du plan d'affaires de l'entreprise. En règle générale, les objectifs les plus importants pour l'entreprise sont reliés aux enjeux prioritaires et/ou à ceux qui se rattachent au deuxième niveau de la pyramide de la performance. Rappelons ici qu'il s'agit des objectifs qui visent le développement des affaires, les résultats financiers et la qualité des risques.

Mais pour réaliser ces objectifs, il est possible que l'entreprise doive également se donner des objectifs relatifs au troisième niveau de la pyramide. Il s'agit donc d'objectifs liés à la satisfaction des clients, à la flexibilité de l'offre de services, de ses employés et de l'organisation du travail ou, encore, d'objectifs liés à l'amélioration de la productivité. À titre d'exemple, pour améliorer ses bénéfices nets d'un million de dollars (résultats financiers), l'entreprise peut viser l'objectif de réduire de 10 % les délais de fabrication de ses produits (productivité) et de relocaliser un de ses entrepôts afin de réduire ses frais de transport (flexibilité).

Rendu à cette étape du processus, le lecteur peut décider de revoir la section 3 de ce chapitre 3 qui traite spécifiquement de l'élaboration d'objectifs mobilisateurs.

L'élaboration des plans d'action et des budgets

Une fois les objectifs et les sous-objectifs identifiés, le gestionnaire-coach entre dans une nouvelle étape où il procède cette fois à l'élaboration des plans d'action – et de leurs activités respectives – ainsi que des budgets nécessaires à l'atteinte de ces objectifs. Cette étape marque la fin de la « phase » formulation du plan d'affaires et le début de sa « phase » implantation. D'où l'importance de rappeler l'adage populaire selon lequel mieux vaut un plan « B » bien implanté qu'un plan « A » qui meurt sur les tablettes !

Précisons qu'en établissant la planification des activités nécessaires à l'atteinte des objectifs et des sous-objectifs de l'entreprise et en intégrant ces mêmes activités au sein des plans d'action et des budgets, le gestionnaire-coach prend soin de préciser, pour chacune de ces activités :

- le nom de l'employé qui en aura la responsabilité ;
- les noms des employés qui agiront comme collaborateurs ;
- l'échéancier de travail et les contraintes budgétaires qui devront être respectés.

Le suivi des hypothèses de départ et des résultats

La cinquième et dernière étape du processus d'élaboration et de suivi du plan d'affaires permet au gestionnaire-coach de réaliser le suivi des résultats et des hypothèses de travail et de se consacrer à la mise en place des correctifs. Le suivi des hypothèses de travail à partir desquelles les objectifs ont été élaborés permet d'expliquer ou de mieux comprendre les résultats de l'entreprise. À titre d'exemple, une croissance de 5 % du volume d'affaires est un excellent résultat si, au cours de la même période, le marché a connu une décroissance de 2 %. Mais cette même croissance de 5 % peut devenir une contre-performance si le marché a connu une croissance de 12 %.

Dans les faits, le suivi périodique des résultats obtenus et de l'avancement des plans d'action permet au gestionnaire-coach :

- d'identifier et de comprendre les principaux écarts entre les résultats obtenus et les objectifs visés ;
- d'apprendre à partir des bons coups et des erreurs que l'entreprise a pu commettre, tant par rapport aux résultats que sur le plan des étapes du processus de planification ;
- de susciter l'engagement des employés en leur communiquant ces résultats et en les informant des nouvelles priorités d'action que la situation peut exiger ;
- de mettre à jour le diagnostic de la situation actuelle de l'entreprise ;
- de revoir sa raison d'être si le contexte le demande.

Les pièges à éviter

Cependant, dans le cadre de l'élaboration, de l'implantation et du suivi du plan d'affaires, le gestionnaire-coach doit éviter de tomber dans un certain nombre de pièges. Ceci est d'autant plus important que ces pièges peuvent nuire à l'atteinte des résultats que vise son entreprise ou faire en sorte que le processus d'élaboration et de suivi du plan d'affaires devienne un obstacle à l'engagement ou à l'*empowerment* de ses employés. Il s'agit plus exactement du piège de la pensée magique ou du succès facile, du piège de la perfection, du piège de la gestion du changement et du piège de la participation.

Le piège de la pensée magique ou du succès facile

Ce piège guette les entreprises qui connaissent un succès trop facile ou dont les gestionnaires croient tout savoir. En effet, ces derniers ne jugent pas important de se donner un plan d'affaires et de l'utiliser pour susciter l'engagement et l'*empowerment* de leurs employés. Il est aussi courant que ces gestionnaires négligent d'analyser tous les éléments qui peuvent avoir des impacts sur leur entreprise. Partant, leurs objectifs et plans d'action vont rester très vagues. Il se peut également qu'ils n'en fassent jamais le suivi. Dans une telle dynamique, les employés sont peu motivés et peu responsabilisés.

Le piège de la perfection

Pour leur part, les entreprises et les gestionnaires qui font fi des lois de Pareto[24] et de Powell[25] risquent de tomber dans le piège de la perfection. La loi de Pareto stipule que 80 % des problèmes découlent d'un petit nombre de causes (20 %). Quant à la loi du général Powell, elle établit qu'une décision a de bonnes chances d'être appropriée lorsque le décideur possède entre 40 et 70 % des informations disponibles. Si le décideur choisit d'agir en ayant moins de 40 % des informations disponibles, il risque l'échec. Mais s'il choisit d'obtenir plus de 70 % des informations disponibles avant d'agir, il risque d'être devancé par les concurrents et que son action soit trop tardive, donc inutile.

Lorsqu'ils attendent de posséder trop d'informations avant d'agir, les gestionnaires tombent dans le piège de la perfection. Cela peut également se produire s'ils se donnent un trop grand nombre d'objectifs sans vraiment établir de priorités ou s'ils consacrent tellement de temps et d'énergie à la formulation du plan d'affaires qu'ils n'ont plus le temps ni la force de l'implanter.

---

24. Sholtes, P.R. *et al. Le guide pratique du travail en équipe : comment utiliser les équipes pour améliorer la qualité.* Wisconsin, Madison Joiner Associates Incorporated, 1992, 297 p.
25. Shreiber, N. « Management Under Fire, the Paradigm of Desert Storm ». *Management Review.* New York, AMA Publication, décembre 1991, pp. 10-15.

Le piège de la gestion du changement

103

DÉTERMINER LES
RÉSULTATS
COLLECTIFS ET
INDIVIDUELS À
ATTEINDRE

Apprendre ou s'améliorer, cela demande de changer, donc de gérer les conditions permettant que le changement soit une opération réussie. Trop souvent, des gestionnaires oublient de communiquer le plan d'affaires aux employés ou ils choisissent de ne pas le faire sous prétexte que son contenu est stratégique. Ils s'étonnent ensuite du manque d'engagement ou d'initiative de leurs employés, sans vraiment réaliser que ces derniers n'ont jamais été associés, de près ou de loin, au processus d'élaboration et de suivi du plan d'affaires de l'entreprise.

Le piège de la participation

Par contre, certaines entreprises et certains gestionnaires tombent dans le piège inverse, celui de la participation. Si ces gestionnaires demandent aux employés de participer au processus d'élaboration et de suivi du plan d'affaires, ils n'ont pas pris la peine de mettre préalablement en place les conditions permettant d'optimiser leur participation. Mais pour que les contributions des employés au processus d'élaboration et de suivi du plan d'affaires soient significatives, il faut d'abord que certaines conditions soient réunies.

Ainsi, gestionnaires et employés se dotent d'un cadre de référence commun qui est établi en relation avec les dimensions de la performance que l'entreprise doit considérer pour demeurer compétitive. Ils doivent également comprendre la nature des travaux à réaliser, les efforts à investir et les paramètres à respecter à chacune des étapes du processus, particulièrement lorsqu'il s'agit de poser un diagnostic, d'identifier les enjeux prioritaires, d'établir des objectifs mobilisateurs et de se donner un plan d'action. Ils doivent aussi être et demeurer bien informés de toutes les facettes de la position concurrentielle de l'entreprise et des défis qu'elle doit relever. L'accès aux informations leur permettant de faire des choix éclairés est une autre condition incontournable. Enfin, le gestionnaire et l'employé doivent respecter leur rôle respectif: les gestionnaires ont le pouvoir de décider et les employés celui d'influencer une bonne part de ces décisions.

Chapitre 4

La troisième responsabilité du gestionnaire-coach : CRÉER UNE ORGANISATION DE TRAVAIL ORIENTÉE SUR L'ATTEINTE DES RÉSULTATS

La majorité des spécialistes de la gestion l'affirment : les employés sont les principaux artisans de la réussite de l'entreprise. Ils représentent la base même de la pyramide de la performance, ce quatrième niveau qui réfère à leurs compétences et aux contributions qu'ils doivent apporter pour que l'entreprise réussisse. Leur proactivité et leurs compétences sont en effet les moteurs qui servent autant la satisfaction des clients que la flexibilité et la productivité de l'entreprise.

C'est toutefois au gestionnaire-coach qu'incombe la responsabilité de mettre en place les conditions favorisant l'engagement, l'*empowerment* et l'utilisation du plein potentiel de chacun des employés. Mais pour atteindre un tel objectif, le gestionnaire-coach doit :

- faire comprendre aux employés quelles sont les cibles de performance de l'entreprise, c'est-à-dire les résultats collectifs et individuels à atteindre ;
- identifier les responsabilités qui doivent être assumées par chacun des employés pour que ces résultats soient atteints ;
- préciser les compétences qui accompagnent ces responsabilités, c'est-à-dire les savoir-agir dont les employés doivent faire preuve ;
- aider les employés à découvrir comment ils peuvent contribuer à l'amélioration de la performance de l'entreprise ;

• faciliter l'évaluation des écarts entre les résultats obtenus et ceux visés de manière à identifier et à mettre en place les correctifs appropriés.

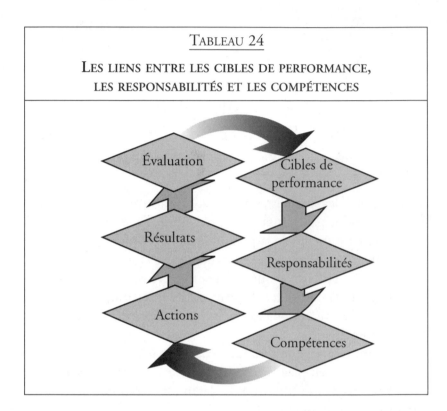

TABLEAU 24

LES LIENS ENTRE LES CIBLES DE PERFORMANCE, LES RESPONSABILITÉS ET LES COMPÉTENCES

Évaluation

Cibles de performance

Résultats

Responsabilités

Actions

Compétences

Toutes ces opérations vont de pair avec l'instauration d'une organisation du travail orientée sur l'atteinte des résultats. Le gestionnaire-coach doit donc donner à ses employés tout le soutien et les outils dont ils ont besoin pour :

• identifier leurs priorités et les stratégies qui leur semblent les plus efficaces pour obtenir des résultats ;
• se donner des unités de mesure ou des indicateurs pour évaluer leur progression ;
• apprendre de leurs bons coups comme de leurs crreurs et, ce faisant, dès que la situation l'exige, revoir avec leur gestionnaire-coach leurs objectifs, leurs responsabilités, leurs compétences

ou encore les stratégies qu'ils ont intérêt à utiliser dans leurs activités quotidiennes.

107

CRÉER UNE
ORGANISATION DE
TRAVAIL ORIENTÉE
SUR L'ATTEINTE DES
RÉSULTATS

Si le défi qui se présente ici au gestionnaire-coach peut sembler a priori facile à relever, le bilan des spécialistes du management nous permet découvrir que c'est loin d'être le cas. En effet, les spécialistes de la gestion ont beau prodiguer des conseils aux gestionnaires, leur dire ce qu'ils doivent faire, il semble y avoir tout un monde entre les théories et ce qui se passe concrètement sur le terrain, dans la réalité quotidienne des entreprises.

C'est pourquoi les pages qui suivent tiennent tout d'abord lieu de rappel en ce qui a trait aux difficultés et aux défis que le gestionnaire-coach et son entreprise doivent relever en matière d'organisation du travail et de gestion des ressources humaines. Il s'agit ici de sensibiliser le gestionnaire-coach aux conditions de réussite qu'il doit considérer et réunir pour bâtir une organisation du travail orientée sur l'atteinte des résultats.

Par ailleurs, nos expériences en tant que consultants nous permettent de conclure qu'en renforçant les liens entre les résultats visés par l'entreprise et les responsabilités de ses différents groupes d'employés, le gestionnaire-coach contribue de façon significative à l'amélioration de la performance de l'entreprise ainsi qu'à l'engagement et à l'*empowerment* de son personnel. Par conséquent, dans ce chapitre nous montrons aussi au gestionnaire-coach comment formuler des responsabilités qui sachent mobiliser et responsabiliser ses employés, en tenant compte à la fois des objectifs visés par l'entreprise et des contraintes organisationnelles. Par ailleurs, l'orientation de l'organisation du travail de l'entreprise sur l'atteinte des résultats est également un processus jalonné de quelques pièges que le gestionnaire-coach devra éviter.

Enfin, du fait de la mondialisation des marchés et de l'arrivée constante de nouveaux concurrents et de nouvelles technologies, l'entreprise d'aujourd'hui ne peut se permettre d'être statique ou réactive. Elle doit être capable de changer, de s'adapter, de se développer et d'innover rapidement. Dans un tel contexte, le gestionnaire-coach doit à la fois se donner et suivre un processus de planification de la main-d'œuvre. Cet outil lui permet de rappeler les responsabilités importantes que les différents groupes d'employés doivent assumer au sein de l'entreprise et de les modifier au besoin pour faire face à de nouveaux défis. Une fois ces responsabilités mises à jour, le gestionnaire-coach peut ensuite se servir de ce processus pour planifier les besoins de main-d'œuvre, préparer la relève, puis identifier et développer les nouvelles compétences que demande l'amélioration de la performance de l'entreprise. Cette explication et la meilleure connaissance de ce processus de planification de la main-d'œuvre servent donc ici de porte d'entrée à la quatrième responsabilité du gestionnaire-coach, «développer les compétences de ses employés», dont les diverses facettes sont exposées dans le prochain chapitre.

Section 1
Les difficultés et les défis des entreprises en matière d'organisation du travail et de gestion des ressources humaines

Les spécialistes de la gestion ont déjà longuement discouru sur ce que les entreprises devaient faire pour améliorer leur performance et celle de leurs employés. En 1998, l'American Management Association[1] et la revue *Sciences humaines*[2], soulignant les cent ans de l'évolution de l'art du management, ont établi un résumé des découvertes et des enseignements des chefs de file de cette discipline, résumé qui nous enseigne un certain nombre de postulats que tout gestionnaire devrait maintenant connaître.

- L'entreprise est un vaste système dont les composantes sont en interaction et en évolution constante. Parmi ces composantes, il faut compter les objectifs de l'entreprise, son organisation et ses procédés de travail, ainsi que l'ensemble des ressources

---

1. Editors *et al.* «Management Ideas Through Time». *Management Review*. New York, AMA Publications, janvier 1998, pp. 16-19.
2. «Cent ans de management». *Sciences humaines*. Hors Série n° 20, mars/avril 1998, Auxerre Cedex, pp. 54-55.

109

CRÉER UNE
ORGANISATION DE
TRAVAIL ORIENTÉE
SUR L'ATTEINTE DES
RÉSULTATS

humaines qu'elle regroupe, qu'ils s'agissent des actionnaires, des gestionnaires ou des employés.
- Les besoins des clients doivent être au centre de toutes les décisions du personnel de l'entreprise. Il est donc important de connaître et d'évaluer périodiquement les facteurs qui contribuent à l'amélioration de la satisfaction des clients.
- Les ressources humaines représentent le capital le plus important de l'entreprise et elles doivent être traitées comme telles, ce qui implique de mettre en place l'ensemble des conditions qui favorisent leur engagement et leur *empowerment*.
- Le travail en équipe favorise le partage d'informations et d'expertises tout comme il alimente l'innovation.
- Il n'y a pas qu'une seule et unique façon de penser l'organisation du travail. Il importe donc d'adapter l'organisation du travail afin de répondre aux objectifs et au contexte particulier de chaque entreprise.
- L'organisation du travail fait toutefois partie des outils que les gestionnaires peuvent utiliser pour accroître la productivité et l'efficacité, ainsi que pour faciliter la coordination et les relations. Cet outil permet aussi de répondre à une partie des besoins personnels, sociaux et professionnels de leurs employés.

Donc, en ce qui concerne le management, les ingrédients garants de la recette du succès sont très bien documentés et exposés. Cependant, il semble y avoir tout un monde entre la théorie et la pratique, à tout le moins en ce qui concerne les professionnels en ressources humaines qui œuvrent dans les entreprises. En 1999, le rapport annuel de la *Human Resource Planning Society* jugeait d'ailleurs plutôt sévèrement ces professionnels en ressources humaines :

> Les professionnels du secteur (des ressources humaines) disposent d'un bon diagnostic sur leurs lacunes, mais ils sont incapables de les corriger[3].

---

3. De Smert, M. «Les professionnels connaissent les problèmes, mais n'arrivent pas à les régler». *Journal Les Affaires*, 29 janvier 2000, p. 35.

Ainsi, dans l'exercice de ses fonctions, le gestionnaire-coach doit composer avec plusieurs facteurs enclins à lui créer des difficultés. Il fait face à l'insuffisance ou à l'inefficacité des stratégies de développement de la main-d'œuvre et des activités de formation ainsi qu'à l'incapacité de l'entreprise, d'une part, de créer un environnement capable de stimuler l'engagement des employés, d'autre part, d'attirer, de sélectionner et de garder des employés talentueux. Sans oublier l'incapacité des gestionnaires des ressources humaines et de leurs employés de se comporter en partenaires d'affaires.

Ces difficultés surprennent d'autant plus que les spécialistes de la gestion ne cessent de répéter depuis plusieurs années quelles orientations et quelles stratégies les entreprises et leurs gestionnaires devraient privilégier.

En effet, dès 1988, Drucker[4] a identifié, entre autres, trois défis auxquels les entreprises des années 2000 devraient faire face sur le plan de l'organisation du travail et de la gestion des ressources humaines, soit:

- Le développement de pratiques de reconnaissance et de plans de carrière adaptés aux besoins d'employés spécialisés, c'est-à-dire d'employés possédant une expertise particulière et plus pointue.
- La mise en place d'une structure de gestion capable de soutenir et de faciliter le travail d'équipes, dont la durée et la composition sont régies par la nature des résultats à atteindre.
- La préparation d'une relève adéquate dans les fonctions de gestion et d'encadrement.

Les recherches de Drucker[5] permettent aussi de sensibiliser les entreprises au fait que les travailleurs du savoir *(knowledge worker)* doivent être l'objet d'une gestion différente de celle qui encadrait les travailleurs d'autrefois. Partant de cette réalité, il

---

4. Drucker, P. F. «The Coming of The New Organization», *Harvard Business Review*. Boston, janvier-février 1988, pp. 45-53.

5. *Ibid.*; Drucker, P. F. «The New Society of Organization», *Harvard Business Review,* Boston, septembre-octobre 1992. Dans *The Learning Imperative: Managing People for Continuous Innovation.* Boston, Harvard Business Review Book, 1993, pp. 3-17.

recommande donc aux entreprises de considérer la mise en œuvre des principes organisationnels suivants:

111

CRÉER UNE
ORGANISATION DE
TRAVAIL ORIENTÉE
SUR L'ATTEINTE DES
RÉSULTATS

- Se structurer pour gérer le changement et l'innovation, donc privilégier une forte décentralisation pour que leurs décisions soient plus rapides.
- Se donner une mission très claire pour que leurs employés rattachés à différents domaines d'expertise poursuivent un objectif commun.
- Traiter leurs employés comme des partenaires, des membres d'une grande équipe, plutôt que d'entretenir des rapports traditionnels de type patron/subordonné.
- Réduire le nombre de gestionnaires, de fonctions conseils *(staff)* et les niveaux d'encadrement en profitant du fait que les progrès technologiques facilitent l'accessibilité et la circulation plus rapide des informations.
- Favoriser la création d'équipes de travail[6] pour innover et améliorer les résultats.
- Aider les employés à prendre en charge la pleine responsabilité de leurs relations avec leurs collègues de travail et leurs gestionnaires. L'entreprise doit donc avoir des objectifs clairs et prévoir des processus de suivi et de rétroaction qui permettent d'évaluer et de corriger les écarts entre les cibles à atteindre et les résultats obtenus, que ce soit en ce qui concerne le plan d'affaires, le plan de main-d'œuvre ou les plans individuels ou collectifs de développement des compétences.

De leur côté, en 1995, Bowen et Lawler[7] ont aussi cherché à éclairer les entreprises et leurs gestionnaires en leur présentant les

---

6. L'importance des équipes de travail pluridisciplinaires, interdisciplinaires et transdisciplinaires est encore et toujours d'actualité. Pour Nicolescu, la pluridisciplinarité concerne l'étude d'un même objet par plusieurs disciplines à la fois. L'interdisciplinarité réfère au transfert des méthodes d'une discipline à l'autre. Quant à la transdisciplinarité, elle concerne ce qui est à la fois entre, au travers et au delà de toute discipline. Voir Nicolescu, B. *La transdisciplinarité: manifeste*. Monaco, Éditions du Rocher, 1996. http://perso.clubinternet.fr/nicol/ciret/vision.htm.
7. Bowen, D. E. et Lawler III, E. E. «Empowering Services Employees», *Sloan Management Review*. Massachusetts Institute of Technology, été 1995, pp. 73-84.

conditions à mettre en place pour favoriser l'engagement et l'*empowerment* de leurs employés.

TABLEAU 25
LES CONDITIONS À METTRE EN PLACE POUR FAVORISER L'ENGAGEMENT ET L'*EMPOWERMENT* SELON BOWEN ET LAWLER

LES ORGANISATIONS PERFORMANTES FAVORISENT DES PRATIQUES DE GESTION QUI DONNENT À LEURS EMPLOYÉS...			
Le pouvoir	**Les informations**	**Le savoir**	**Les incitatifs**
• Gestion de la qualité • Gestion participative • Tâches enrichies • Responsabilisation	• Vigie (veille stratégique) et plan d'affaires • Indicateurs de performance	• Profil de compétences • Plans de développement	• Feed-back • Reconnaissance • Rémunération • Récompenses
CE QUI DONNE AUX EMPLOYÉS ...			
UNE PLUS GRANDE CONFIANCE EN EUX ET DANS L'ENTREPRISE	UN MEILLEUR CONTRÔLE SUR LEUR PROPRE PERFORMANCE	UNE MEILLEURE COMPRÉHENSION DES ENJEUX ET DU CONTEXTE DE TRAVAIL	DAVANTAGE D'IMPUTABILITÉ PAR RAPPORT À LEURS CONTRIBUTIONS
CE QUI DONNE COMME RÉSULTATS ...			
DES EMPLOYÉS PERFORMANTS ET MOTIVÉS	DES CLIENTS, DES MEMBRES OU DES USAGERS ÉTONNÉS ET SATISFAITS		UNE ENTREPRISE ENCORE PLUS PERFORMANTE

En 1999, c'est au tour de Nelson[8] de décrire différemment ce que les entreprises et leurs gestionnaires doivent faire pour mobiliser et responsabiliser davantage leurs employés :

8. Nelson, B. « The Ironies of Motivation », *Strategy & Leadership*. Chicago, Michigan, vol. 27, n° 1, janvier-février 1999, pp. 26-31.

113
CRÉER UNE
ORGANISATION DE
TRAVAIL ORIENTÉE
SUR L'ATTEINTE DES
RÉSULTATS

- leur confier des tâches ou des responsabilités importantes qui les intéressent;
- leur fournir des informations sur la façon de réaliser ces tâches, d'assumer leurs responsabilités et d'améliorer leur performance et celle de l'entreprise;
- les associer aux décisions de l'entreprise et leur permettre d'en prendre;
- leur donner la latitude et la flexibilité dont ils ont besoin pour être autonomes;
- leur permettre d'apprendre, de se développer et d'assumer davantage de responsabilités.

Mais bien que l'ensemble de ces conditions de réussite présentées par ces spécialistes de la gestion soient très explicites, certaines entreprises et leurs gestionnaires ont toujours de la difficulté à créer une organisation orientée sur l'atteinte des résultats et favorisant l'engagement et l'*empowerment* des employés.

Sans nécessairement le vouloir et même sans le savoir, ces entreprises et ces gestionnaires confirment la justesse des observations d'Argyris et de Schön[9] selon lesquelles il y a un souvent des écarts systématiques et inconscients entre les théories que les gestionnaires ou les spécialistes veulent et disent appliquer *(espoused theory)* et celles qu'ils appliquent véritablement dans l'action *(theory-in-use)*.

Section 2
Le renforcement des liens entre les résultats visés et les responsabilités

Si l'on se fonde sur les observations d'Argyris et de Schön, l'élaboration de n'importe quelle nouvelle théorie n'aurait donc qu'un impact mineur sur la capacité des entreprises et de leurs gestionnaires de créer des organisations de travail performantes. Pour améliorer la performance et susciter l'engagement et l'*empowerment* des

---

9. Argyris, C. «Teaching Smart People How to Learn», *Harvard Business Review.* Boston, mai-juin 1991, dans *The Learning Imperative: Managing People for Continuous Innovation,* Boston, Harvard Business Review Book, 1993, pp. 177-194.

employés, voyons un peu ici ce que nous enseignent nos expériences de consultation. Ces dernières démontrent clairement que les entreprises ont tout avantage à renforcer les liens entre les résultats qu'elles visent et les responsabilités que leurs employés doivent assumer pour obtenir ces résultats. En renforçant ces liens, le gestionnaire-coach se donne ainsi un outil additionnel lui permettant de créer une organisation de travail orientée sur l'atteinte des résultats.

Les pages qui suivent contiennent des informations qui permettent au gestionnaire-coach d'atteindre cet objectif. À cette fin, nous levons le voile sur quatre grandes questions, soit :

- la définition et l'importance des responsabilités, tant pour les employés que pour l'entreprise ;
- les éléments dont le gestionnaire-coach doit tenir compte pour formuler des responsabilités en lien avec les résultats visés par l'entreprise ;
- les pièges qu'il doit éviter lorsqu'il revoit la structure et l'organisation de travail de l'entreprise ;
- l'importance du processus de planification de la main-d'œuvre.

La définition et l'importance des responsabilités

Comme nous l'avons déjà mentionné, pour favoriser l'*empowerment* de ses employés, le gestionnaire-coach doit réunir trois conditions : leur donner un axe de direction très clair, leur fournir le soutien nécessaire et favoriser leur autonomie. D'où la formule :

$$E = D \times S \times A$$

Pour que l'axe de direction soit clair, le gestionnaire-coach doit préciser les résultats à atteindre, les responsabilités à assumer et les compétences dont les employés doivent faire preuve pour être efficaces et efficients. Il est donc important de définir d'emblée ce que signifie le terme « responsabilité » et de s'entendre également sur l'importance des responsabilités.

115

CRÉER UNE
ORGANISATION DE
TRAVAIL ORIENTÉE
SUR L'ATTEINTE DES
RÉSULTATS

Selon Koontz et O'Donnell[10], la responsabilité correspond à l'obligation de s'acquitter d'une tâche. Pour Lefevbre[11], elle confère la liberté et l'autorité de régir et de contrôler l'ensemble des ressources nécessaires à l'atteinte de l'objectif. Dans cette définition, la responsabilité est associée à l'atteinte d'un objectif et elle peut être déléguée. De ce fait, si la personne responsable d'un objectif ne dispose pas des pleins pouvoirs pour le réaliser, il est essentiel qu'elle puisse négocier de nouveau l'objectif qu'elle doit atteindre ou les pouvoirs qui lui ont été attribués.

Newman abonde dans le même sens en soutenant qu'autorité et responsabilité vont de pair. L'autorité déléguée serait toutefois sujette à certaines limites : l'employé n'est responsable que dans la mesure où il possède un pouvoir de contrôle. Mais cela n'exclut pas le fait que l'employé doit toujours avoir le sens des responsabilités et qu'«on peut le tenir pour responsable de prévoir les difficultés et d'essayer de les surmonter[12]».

Enfin, c'est aux bureaucrates[13] que l'on doit l'introduction du concept d'imputabilité qui réfère à l'obligation, d'une part, de s'acquitter de responsabilités définies pour atteindre des résultats et, d'autre part, de rendre compte de leur exécution. Cependant, pour éviter de multiples confusions conceptuelles, nous proposons de considérer l'imputabilité comme un corollaire de la responsabilité.

Chaque responsabilité est ainsi assortie de l'obligation d'obtenir un résultat, de respecter les politiques et les pratiques établies, de rendre compte des résultats obtenus, de prévoir les difficultés et d'essayer de les surmonter. C'est ce qu'illustre le tableau 26 qui permet de saisir les différences entre la vision traditionnelle et la vision

---

10. Koontz, H. et O'Donnell, C. *Management, principes et méthodes de gestion.* Montréal, McGraw-Hill Inc., 1980, p. 277.

11. Lefebvre, G. *Le management d'aujourd'hui : savoir organiser, savoir décider.* Montréal, Les Éditions de l'Homme, 1975, pp. 104-105.

12. Newman, W. H. *L'art de la gestion : les techniques d'organisation et de direction.* Paris, Dunod, 1971, pp. 184-185.

13. Secrétariat du Conseil du Trésor du Canada. *Gestion, imputabilité ou élaboration de politiques ? Un regard sur la façon dont les provinces utilisent les données sur le rendement.* Décembre 1998. Document inédit.
http://www.tbs-sct.gc.ca/rma/account/MAP_2_f.html

davantage intégrée de la responsabilité, telle que l'adoptent les entreprises soucieuses d'améliorer leur performance ainsi que l'engagement et l'*empowerment* de leurs employés.

TABLEAU 26
LES VISIONS DE LA RESPONSABILITÉ

La vision traditionnelle	La vision intégrée
Une *responsabilité*, c'est l'obligation faite à quelqu'un de s'acquitter d'une tâche ou d'un ensemble de tâches en suivant des critères établis et auxquels il doit souscrire.	Une *responsabilité*, c'est l'obligation faite à quelqu'un d'obtenir un résultat en respectant des politiques ou des pratiques établies… … puis de rendre compte de son obtention ou non à une personne en autorité (hiérarchique ou expertise).

Cette vision davantage intégrée fait ressortir toute l'importance des responsabilités, qu'elles soient générales, c'est-à-dire rattachées à une description d'emploi[14], ou encore spécifiques, c'est-à-dire liées à un objectif ponctuel du plan d'affaires de l'entreprise ou à un mandat précis que confie le gestionnaire. Dans les deux cas, le gestionnaire-coach et ses employés doivent s'entendre sur leurs responsabilités respectives, car celles-ci délimitent leurs obligations respectives.

Les responsabilités sont aussi au cœur de tous les systèmes de ressources humaines de l'entreprise et elles permettent d'assurer leur cohérence. En d'autres termes, et comme le tableau 27 le démontre, l'établissement de telles responsabilités permet tour à

14. L'expression « description d'emploi » fait référence aux caractéristiques auxquelles doivent idéalement répondre les titulaires de chacun des postes. Parmi ces caractéristiques se trouvent : les responsabilités à assumer, les connaissances à maîtriser, le profil de compétences recherché, la formation requise et l'expérience de travail pertinente.

tour d'organiser et de structurer les différents postes de l'entreprise (organisation du travail), de fixer les balises de la rémunération de ces postes, d'identifier, puis de développer les compétences requises des employés, de recruter les employés et d'évaluer le potentiel des différents candidats (dotation), d'évaluer le rendement ou la performance de chacun des employés, enfin, d'assurer une relève de qualité.

117
CRÉER UNE
ORGANISATION DE
TRAVAIL ORIENTÉE
SUR L'ATTEINTE DES
RÉSULTATS

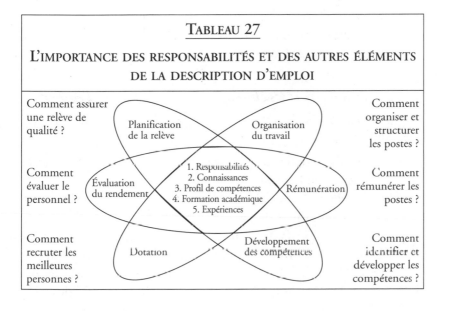

TABLEAU 27

L'IMPORTANCE DES RESPONSABILITÉS ET DES AUTRES ÉLÉMENTS DE LA DESCRIPTION D'EMPLOI

Comment assurer une relève de qualité ?

Comment évaluer le personnel ?

Comment recruter les meilleures personnes ?

Planification de la relève

Évaluation du rendement

Dotation

1. Responsabilités
2. Connaissances
3. Profil de compétences
4. Formation académique
5. Expériences

Organisation du travail

Rémunération

Développement des compétences

Comment organiser et structurer les postes ?

Comment rémunérer les postes ?

Comment identifier et développer les compétences ?

L'établissement des responsabilités est donc une opération qui sert à soutenir et à légitimer la plupart des décisions prises par les gestionnaires en ce qui concerne les employés. De plus, comme elles sont rattachées à l'obligation de rendre compte, les responsabilités forcent les gestionnaires et les employés à travailler en partenariat pour améliorer les systèmes de ressources humaines de l'entreprise.

Les éléments à considérer pour formuler des responsabilités orientées vers l'atteinte des résultats

La formulation de responsabilités orientées vers l'atteinte des résultats est une opération qui demande de définir ces responsabilités en termes clairs pour chacun des employés ou chacune des différentes catégories d'emploi. Pour y parvenir, le gestionnaire-coach doit tenir compte de plusieurs éléments :

- de la raison d'être et des dimensions clés de la performance de l'entreprise ;
- de sa structure organisationnelle ;
- de sa culture ;
- du niveau de participation attendue des employés ;
- des finalités et des caractéristiques spécifiques de chacun des postes ou des catégories d'emploi.

La raison d'être et les objectifs de performance de l'entreprise

La raison d'être de l'entreprise est étroitement liée aux raisons pour lesquelles l'entreprise existe. Comme nous l'avons déjà expliqué, cette raison d'être détermine et précise généralement les produits ou les services que l'entreprise entend offrir, les clientèles ou les marchés qu'elle vise, et la façon dont elle entend surprendre ses clients ou se démarquer de ses concurrents.

Quant aux objectifs de performance de l'entreprise, ils se rapportent aux dimensions de la pyramide de la performance. Rappelons ici qu'il s'agit du développement des affaires, de l'amélioration de la rentabilité, de la qualité des risques, de la satisfaction des clients, de la flexibilité et de la productivité de l'entreprise, puis de la proactivité et des compétences de ses employés. Ces objectifs précisent sur quoi les efforts doivent porter et quels sont les résultats à atteindre pour améliorer la performance de l'entreprise. C'est à partir de ces objectifs collectifs que sont établis les objectifs individuels des employés.

Ainsi, au moment de la définition des rôles et des responsabilités de chacune des unités administratives de l'entreprise, il est souvent utile de rappeler d'abord la raison d'être de l'entreprise. Par la suite, il faut énoncer les responsabilités tout en décrivant ce qui doit être fait par les gestionnaires et les employés de l'entreprise, de manière à pouvoir réaliser cette raison d'être et atteindre les résultats visés par l'entreprise. Lors de l'établissement des responsabilités, il faut donc préciser en termes plus concrets les obligations que chacun des employés doit assumer pour assurer la qualité des risques, le développement des affaires, la rentabilité, la satisfaction des clients, la flexibilité, la productivité, de même que pour être proactif et développer ses compétences.

119
CRÉER UNE
ORGANISATION DE
TRAVAIL ORIENTÉE
SUR L'ATTEINTE DES
RÉSULTATS

La structure organisationnelle de l'entreprise

La structure organisationnelle est un des outils dont disposent les entreprises pour faciliter l'atteinte de leurs résultats. Cette structure apporte des précisions sur les niveaux d'autorité des diverses unités administratives, sur leurs responsabilités respectives et sur les relations qu'elles doivent entretenir entre elles. En d'autres termes, la structure détermine *qui* sera responsable de *quoi*. Pour que les responsabilités définies dans le cadre de cette structure organisationnelle puissent contribuer à la mobilisation et à la responsabilisation des employés, elles doivent avoir du sens et être cohérentes. C'est pourquoi l'établissement des responsabilités doit aller de pair avec la description[15] de plusieurs éléments, soit :

- des résultats que le titulaire du poste doit obtenir ;
- des niveaux d'autorité hiérarchique de chacun des employés et des rapports qu'ils doivent entretenir avec les autres employés ou différentes unités administratives ;
- des balises, des règles, des politiques ou des standards qu'ils doivent respecter dans l'exercice de leur fonction ;
- des processus qu'ils doivent mettre en place ou utiliser ;
- de la plus-value ou de la valeur ajoutée que leur fonction apportera à l'entreprise.

Tout comme les objectifs, les responsabilités se divisent et sont réparties selon le type d'emploi occupé par chacun des employés.

---

15. Voir Norris, Thomas, M. « Output-Based Job Descriptions : Beyond Skills and Competencies ». *Performance Improvement*. Washington, International Society for Performance Improvement, vol. 39, n° 7, août 2000, pp. 23-27. Voir Langdon D. « The Language of Work ». *Handbook of Human Performance Technology*. International Society for Performance Improvement, San Francisco, Jossey-Bass Pfeiffer, 1999, pp. 260-280.

À titre d'exemple, un cadre peut se voir confier la responsabilité d'élaborer et de mettre en œuvre l'ensemble des plans rattachés aux objectifs de développement des affaires de l'entreprise, puis d'en assurer le suivi. En même temps, il est tenu de respecter les objectifs liés à la rentabilité et à la qualité des risques. Un de ses employés peut alors avoir à assumer deux grandes responsabilités. D'une part, être en charge du développement et de la réalisation des campagnes marketing permettant de réaliser les objectifs de vente. D'autre part, mettre sur pied et gérer des équipes de vente permettant d'atteindre ces objectifs et de développer des relations d'affaires durables avec les clients de l'entreprise.

Par ailleurs, lorsque le gestionnaire-coach veut revoir les responsabilités de ses employés parce qu'il souhaite bâtir une organisation du travail orientée sur l'atteinte des résultats, il peut lui être très utile d'identifier les causes d'un manque d'efficacité ou d'efficience dans l'entreprise. Pour y parvenir, il peut tirer profit des questions suivantes, formulées par Mourier[16] :

- Qu'est-ce qui vous empêche, comme employé ou comme gestionnaire, d'offrir une meilleure performance?
- Quelles sont les cinq choses qui vous frustrent le plus dans votre travail? Pourquoi?
- Si vous étiez propriétaire de cette entreprise, quels sont les trois changements que vous mettriez prioritairement en œuvre?
- Possédez-vous l'ensemble des informations que votre travail nécessite? Sinon, quelles sont les informations que vous jugez nécessaires? Pourquoi?
- De quelle façon décririez-vous le travail d'équipe dans votre unité administrative? Entre votre unité administrative et les autres unités administratives?

Le gestionnaire-coach dispose également d'une autre bonne façon de recueillir l'information nécessaire à l'établissement de responabilités orientées vers l'atteinte des résultats, tout en associant

---

16. Mourier, P. «No Pain, No Gain : Why Situational Analysis Is Critical for Successful Change Implantation», *Performance Improvement*, Washington, International Society for Performance Improvement, vol. 40, n° 4, avril 2001, pp. 5-13.

les employés à cette activité. Il lui suffit d'utiliser la grille d'analyse des postes telle que présentée dans le tableau 28.

121

CRÉER UNE
ORGANISATION DE
TRAVAIL ORIENTÉE
SUR L'ATTEINTE DES
RÉSULTATS

TABLEAU 28

GRILLE D'ANALYSE DES POSTES

1. Quelle est la raison d'être de votre poste ?

2. Quelles sont les responsabilités :
a) que vous assumez présentement et le pourcentage du temps que vous y consacrez ?
b) que vous n'assumez pas et que vous estimez devoir assumer ?

3. Quels sont les résultats que votre travail vous permet de livrer ?

4. À la demande de quelle(s) personne(s) chacun de ces résultats est-il produit ?

5. Pour quelle(s) personne(s) chacun de ces résultats est-il produit ?

6. Qu'apportent ces résultats à l'entreprise en termes d'efficacité ou d'efficience ?

7. À partir de quels outils et de quels processus de travail ces résultats sont-ils obtenus ?

8. Lors de l'obtention de ces résultats, y a-t-il des règles ou des standards à respecter ? Y a-t-il des collaborations à obtenir d'autres personnes ? Y a-t-il des difficultés particulières que vous rencontrez ?

9. Quelles améliorations aimeriez-vous voir apporter :
a) à votre poste ?
b) à la répartition et aux procédés de travail dans votre service ?
c) à la répartition et aux procédés de travail dans votre unité administrative ?

10. À votre avis, y a-t-il des duplications, des zones grises ou des goulots d'étranglement qu'il faudrait éliminer ou corriger pour améliorer l'efficacité et l'efficience de l'entreprise ?

La culture organisationnelle privilégiée

La culture organisationnelle de l'entreprise est un autre des éléments que le gestionnaire-coach doit considérer pour créer une organisation de travail orientée vers l'atteinte des résultats. Selon le Groupe Hay[17], la culture d'une entreprise s'évalue à partir de la perception que se font ses employés :

- de la capacité de l'entreprise de planifier ;
- de son processus de prise de décision ;
- de l'efficacité de ses mécanismes de coordination et de communication ;
- de son style de leadership ;
- de l'importance que l'entreprise accorde à la performance et à l'imputabilité ;
- de sa capacité d'adaptation aux changements ;
- de ses pratiques en matière de rémunération et de récompenses ;
- de l'importance que l'entreprise accorde au développement des compétences ;
- de son image corporative.

Avec le temps, ces perceptions se transforment en habitudes, en façons de faire ou en règles non écrites[18] qui peuvent devenir des leviers ou des freins à l'amélioration de la performance de l'entreprise et de ses employés. Le gestionnaire-coach peut toutefois profiter d'une période de révision des responsabilités des employés pour corriger ou renforcer certains traits culturels de l'entreprise de manière à bonifier la création d'une organisation du travail orientée sur l'atteinte des résultats. À titre d'exemple, pour favoriser une meilleure concertation entre les employés et les inciter à faire preuve de créativité, l'entreprise peut confier à ses gestionnaires la respon-

---

17. Detzel, D. H. «Management Culture», *Handbook of Business*. Boston, Warren, Gorham & Lamont inc., 1991, pp. 29 : 1-20.
18. Scott-Morgan, P. *The Unwritten Rules of the Game : Master Them, Shatter Them, and Break Through the Barriers to Organizational Change*. New York, McGraw-Hill, 1994, 244 p.

sabilité de mettre en place des pratiques visant l'innovation et le travail en équipe.

123

CRÉER UNE
ORGANISATION DE
TRAVAIL ORIENTÉE
SUR L'ATTEINTE DES
RÉSULTATS

Le niveau de participation attendue des employés

Lors de l'identification de responsabilités orientées vers l'atteinte des résultats, le gestionnaire-coach doit aussi tenir compte du niveau de participation attendue des employés. À titre d'exemple, prenons le cas d'une entreprise qui favorise la mise en place d'équipes de travail autogérées, c'est-à-dire d'équipes qui ne sont pas directement ou continuellement régies par un gestionnaire. Dans une telle situation, le gestionnaire-coach a intérêt à se servir des descriptions des responsabilités pour préciser la nature et l'étendue de la participation des membres de ces équipes à chacune des activités de gestion de l'entreprise. Ces mêmes descriptions peuvent d'ailleurs être aussi très utiles pour déterminer la nature et l'étendue de la participation des membres d'une équipe semi-autonome. Rappelons ici que les membres d'une telle équipe participent modérément à la gestion de l'entreprise et qu'en contrepartie, ils profitent d'une présence soutenue de leur gestionnaire-coach. Pour leur part, les membres d'une équipe autogérée participent davantage aux activités de gestion, ce qui explique que la présence du gestionnaire-coach soit ponctuelle[19].

L'établissement des responsabilités des membres d'une équipe semi-autonome peut se révéler être une activité relativement complexe. En effet, la mise en place d'une équipe de cette nature « suppose un processus de longue durée, jamais inférieur à un an, mais qui s'étendra plus généralement sur deux ou trois années[20] ». Lors de la période d'implantation d'une telle équipe, il sera donc difficile d'identifier spécifiquement toutes les décisions qui devront être prises conjointement ou dans le cadre d'une consultation entre les gestionnaires et les employés.

---

19. Roussel, J. F. *Guide pratique du management: Gérer la participation.* Montréal, Les Publications CFC, 1996, p. 18.
20. De Smert, M. « Les équipes de travail semi-autonomes sont de plus en plus populaires ». Montréal, *Journal Les Affaires,* 8 janvier 2000, p. 33.

Par ailleurs, le fonctionnement par équipe projets implique que des employés de plusieurs disciplines soient regroupés pour atteindre un objectif prédéterminé. Tout gestionnaire-coach qui souhaite établir une organisation du travail orientée sur l'atteinte des résultats peut donc se servir de ce mode de fonctionnement. Par contre, bien que Sérieyx[21] décrive le fonctionnement par équipe projets comme étant une des quatre grandes mutations structurelles des organisations, ce mode de fonctionnement n'a pas d'impacts sur les descriptions des responsabilités des employés. En effet, les projets peuvent être assimilés à des mandats spécifiques que les gestionnaires confient à des employés en cours d'année. Le parallèle tient la route puisque les projets impliquent les caractéristiques et les éléments suivants[22] :

- un objectif qui peut varier dans le temps ;
- des actions à entreprendre dont le choix et les modalités d'exécution sont généralement laissés à la discrétion des membres de l'équipe-projet ;
- des ressources limitées et qui sont parfois affectées à plusieurs projets différents ;
- un délai de réalisation préétabli et à la fin duquel l'équipe sera dissoute ;
- un chef de projet responsable de la coordination des efforts et des ressources que demande l'atteinte de l'objectif et qui, généralement, n'a pas d'autorité hiérarchique sur les membres de son équipe.

Les finalités et les caractéristiques spécifiques d'un poste ou d'une catégorie d'emploi

Pour renforcer les liens entre les résultats visés par l'entreprise et les responsabilités associées à chacun des postes et créer ainsi une organisation du travail orientée sur l'atteinte des résultats, le gestionnaire-coach peut aussi s'inspirer d'un modèle développé par

---

21. Sérieyx, H. *L'effet Gulliver.* Paris, Calmann-Lévy, 1994, p. 100-101.
22. Maders, H. P. *Conduire une équipe projet.* Paris, Éditions d'organisation, 2000, p. 7.

Langdon[23]. Selon ce modèle, six éléments concourent à décrire le travail d'un employé ou la fonction qu'il occupe. Précisons que ces six éléments peuvent être utilisés pour clarifier la raison d'être ou les responsabilités rattachées à un poste ou à une catégorie d'emploi.

125
CRÉER UNE
ORGANISATION DE
TRAVAIL ORIENTÉE
SUR L'ATTEINTE DES
RÉSULTATS

- Les intrants (la demande du client, les ressources, etc.).
- Les conditions régissant l'utilisation des intrants et les processus de travail (les politiques, les règlements, etc.).
- Les processus de travail (le développement des produits, le service à la clientèle, la production, la vente, la comptabilité, la gestion des *stocks*, etc.).
- Le résultat, c'est-à-dire ce qui est créé à la suite de l'utilisation des intrants (le produit, le service, l'information, le savoir, etc.).
- Les conséquences ou les effets créés par l'obtention du résultat sur une personne, un produit ou une situation (la satisfaction du client, la résolution d'un problème).
- Le feed-back, soit le mécanisme d'autorégulation permettant de s'assurer que les intrants sont bien utilisés, que les processus sont respectés et que les résultats sont obtenus ainsi que les conséquences.

Par ailleurs, à l'étape où il s'agit de renforcer les liens entre les résultats visés par l'entreprise et les responsabilités des employés, il arrive souvent que le gestionnaire-coach se demande quel niveau de précision il doit atteindre en regard de l'identification des responsabilités. La réponse à cette question n'est pas évidente. En règle générale, plus la culture de l'entreprise est orientée sur l'atteinte des résultats, moins l'entreprise est portée à détailler de manière très spécifique les responsabilités de ses employés. À l'inverse, si la culture de l'entreprise n'est pas orientée sur l'atteinte des résultats, les gestionnaires et les employés apprécient le fait que leurs

---

23. Langdon, D. «The Language of Work», dans Stolovitch, H.D., et Keeps, E.J. *The Handbook of Human Performance Technology*. San Francisco, Jossey-Bass Pfeiffer, 1999, pp. 260-280.

responsabilités soient plus détaillées et plus spécifiques. À cet égard, le tableau 29 illustre deux façons différentes de formuler les responsabilités d'un poste de conseiller au sein d'une institution financière.

TABLEAU 29
DES FAÇONS DIFFÉRENTES DE DÉCRIRE LES RESPONSABILITÉS D'UN CONSEILLER DANS UNE INSTITUTION FINANCIÈRE

Culture orientée vers l'atteinte des résultats	Culture davantage orientée sur les tâches que sur les résultats
• S'assure de bien connaître les besoins des clients actuels et potentiels. • Contribue à l'atteinte des objectifs du plan d'affaires de l'entreprise. • Vend les produits et les services offerts par l'entreprise en établissant une relation d'affaires personnalisée et durable, tout en respectant les niveaux de délégation qui lui sont attribués.	• Effectue de la prospection, identifie et développe de nouvelles occasions d'affaires avec le client (actuel ou potentiel) et son entourage, conclut la vente ou le réfère à la ressource appropriée. • Est à l'écoute des attentes des clients et des occasions d'amélioration de la qualité du service, prend en charge la réponse à leurs besoins et s'assure que les ressources appropriées font le suivi. • Conseille le client dans la planification de son patrimoine financier, dans la façon la plus efficace d'utiliser les produits et les services de l'entreprise et l'accompagne dans ses opérations. • Assure le développement et l'entretien d'une relation d'affaire personnalisée avec le client.

Chacune de ces façons de décrire les responsabilités comporte ses avantages et ses inconvénients. Dans la colonne de gauche, la description des responsabilités en relation avec l'atteinte de résultats est plus concise. Elle laisse plus de latitude aux employés sur les *comment* faire. À l'inverse, la description des responsabilités plus orientées sur les tâches, telle que présentée dans la colonne de droite, est plus détaillée. Elle peut être ainsi plus sécurisante pour certains employés et moins stimulante ou mobilisatrice pour d'autres.

127
CRÉER UNE
ORGANISATION DE
TRAVAIL ORIENTÉE
SUR L'ATTEINTE DES
RÉSULTATS

Un exemple de responsabilités orientées sur l'atteinte des résultats

Dans ce qui suit, deux tableaux servent à exemplifier la nature des responsabilités orientées sur l'atteinte des résultats. Le tableau 30 fait état des principaux objectifs stratégiques d'un centre hospitalier universitaire régional. Partant de ces objectifs, qui représentent les cibles de performance que cette organisation désire atteindre, le tableau décrit les responsabilités communes des cadres supérieurs. Pour sa part, le tableau 31 renferme une description de la raison d'être et des responsabilités particulières du directeur général, du directeur de l'exploitation, de la direction des services professionnels, de la direction des soins infirmiers, de la direction recherche clinique et, finalement, de la direction des ressources humaines.

TABLEAU 30

DES EXEMPLES DE RESPONSABILITÉS EN LIEN
AVEC LES OBJECTIFS STRATÉGIQUES

Les principaux objectifs stratégiques
du centre hospitalier universitaire régional

- Améliorer l'accessibilité, la qualité et la continuité des soins en mettant sur pied des regroupements clientèles.
- Développer les activités de recherche.
- Développer des partenariats d'affaires avec d'autres organismes du milieu.

- Associer l'ensemble des employés au virage clientèle en développant leurs compétences et en les traitant comme des partenaires d'affaires.

Les responsabilités communes à tous les gestionnaires

- Collabore à l'identification des défis et des objectifs de l'organisation.
- Met en place des pratiques visant le développement de l'innovation et l'interdisciplinarité.
- Gère les ressources humaines, financières, matérielles, technologiques et informationnelles qui relèvent de sa responsabilité.
- Développe et met en place des mécanismes de suivi et d'amélioration continue.
- Responsabilise et mobilise les ressources humaines qui relèvent de sa responsabilité.
- Gère le développement de ses compétences et celles des ressources qui relèvent de sa responsabilité.

TABLEAU 31

LA RAISON D'ÊTRE ET LES RESPONSABILITÉS PARTICULIÈRES
DE CERTAINS POSTES DE GESTION

	La raison d'être	Les responsabilités particulières
La direction générale	Gère l'ensemble des orientations, des objectifs et des activités de l'organisation dans le respect des lois applicables, puis des politiques et des décisions du Conseil d'administration. Assume les responsabilités qui lui sont dévolues par la loi sur les services de santé et les autres lois applicables.	Soutien le conseil d'administration dans l'exercice de ses responsabilités. S'assure de l'élaboration, de la mise à jour, de l'implantation et du suivi du plan stratégique et des budgets. Développe et met en place des indicateurs et des stratégies, en partenariat avec les autres directions, pour réaliser les

129
CRÉER UNE
ORGANISATION
DE TRAVAIL
ORIENTÉE SUR
L'ATTEINTE DES
RÉSULTATS

	La raison d'être	Les responsabilités particulières
La direction générale		objectifs de l'organisation, plus particulièrement en ce qui a trait à l'accessibilité, la continuité et la qualité des soins et des services. Voit à la mise en place des pratiques de gestion et des indicateurs de performance que demandent les objectifs stratégiques et opérationnels de l'organisation. Représente l'organisation auprès de ses partenaires socio-économiques.
La direction de l'exploitation	Soutient la direction générale dans l'exercice de ses responsabilités. Développe et met en place les regroupements clientèles. Reçoit et assure le suivi des plaintes des clients.	Développe et met en place des indicateurs et des stratégies, en partenariat avec les autres directions, pour réaliser les objectifs de l'organisation, plus particulièrement en ce qui a trait à l'accessibilité, à la continuité et à la qualité des soins et des services.
La direction des services professionnels	S'assure de la dispensation, de la coordination et de l'amélioration de la qualité des soins, des actes professionnels et des programmes d'enseignement. S'assure de l'efficacité et de l'efficience des pratiques et des outils que les soins et les actes professionnels demandent.	Développe et met en place des indicateurs, des stratégies et des services, en partenariat avec les autres directions, l'université et/ou les organismes de santé, pour réaliser les objectifs de l'organisation en ce qui a trait à l'accessibilité, à la continuité et à la qualité des soins.

	La raison d'être	Les responsabilités particulières
La direction des services professionnels	Assume la direction médicale et l'ensemble des responsabilités qui lui sont dévolues par la loi sur les services de santé et les autres lois applicables.	Évalue et recommande de nouvelles technologies médicales de même que de nouveaux médicaments et de nouvelles approches en matière de soins.
La direction des soins infirmiers	S'assure de la dispensation, de l'évaluation et de l'amélioration de la qualité des soins infirmiers et de l'enseignement. S'assure de la pertinence, de l'efficacité et de l'efficience des pratiques professionnelles et des outils que demandent les programmes de soins infirmiers. Développe l'enseignement et la recherche autre que médicale. Assume la direction médicale et l'ensemble des responsabilités qui lui sont dévolues par la loi sur les services de santé et les autres lois applicables.	Développe et met en place des indicateurs, des stratégies et des services, en partenariat avec les autres directions, l'université et/ou les organismes de santé, pour réaliser les objectifs de l'organisation en ce qui a trait à l'accessibilité, à la continuité et à la qualité des soins.
La direction recherche clinique	Le titulaire de ce poste est un médecin dont le mandat de quatre ans peut ou non être renouvelé. Ce mandat demande de : • Développer la recherche clinique. • Réaliser, coordonner et évaluer les politiques et les	Développe les politiques et les programmes de recherche clinique et fondamentale en partenariat avec des organismes du secteur public et privé. Développe et met en place des stratégies, en partenariat avec les autres directions, pour

131

CRÉER UNE
ORGANISATION DE
TRAVAIL ORIENTÉE
SUR L'ATTEINTE DES
RÉSULTATS

	La raison d'être	Les responsabilités particulières
La direction recherche clinique	programmes de recherche clinique et fondamentale dans les secteurs privilégiés par l'organisation et dans le respect des lois applicables. • Développer des alliances nationales et internationales au sein des réseaux multicentriques.	réaliser les activités de recherche clinique et fondamentale.
La direction des ressources humaines	Développe et met en place des programmes et des politiques novatrices en gestion des ressources humaines de manière à faciliter l'atteinte des objectifs stratégiques de l'organisation. Agit à titre de porte-parole de l'organisation dans ses relations avec les employés et leurs représentants.	Développe et met en place des stratégies et des programmes de ressources humaines, en partenariat avec les autres directions, pour réaliser les objectifs de l'organisation. Fournit des services conseils en gestion des ressources humaines aux membres du Comité de direction. ·

Les bénéfices découlant du renforcement des liens entre les résultats visés et les responsabilités

Plusieurs entreprises hésitent à revoir les responsabilités de leurs employés à cause des investissements que cette révision demande, surtout si le nombre de leurs employés est relativement élevé. Cet exercice en vaut-il vraiment le coup ? La question mérite d'être posée. Pour pouvoir y répondre et évaluer la rentabilité des investissements que demande le renforcement des liens entre les résultats visés et les responsabilités, le gestionnaire-coach doit considérer les cinq dimensions suivantes[24] :

---

24. Mourier, P., *op. cit.*

- Le gain potentiel de performance que l'entreprise peut réaliser en éliminant les obstacles à son efficacité et à son efficience.

Exemple : Le gestionnaire-coach veut faire passer le taux de performance actuel de son service de 88 % à 96 %, ce qui équivaut à un gain de performance de 9,1 %.

- Le nombre d'employés et leur salaire annuel moyen, incluant les avantages sociaux.

Exemple : Le service de ce gestionnaire-coach compte 23 employés dont le salaire annuel moyen, incluant les avantages sociaux, est de 42 000 $.

- Le nombre additionnel d'employés nécessaires pour obtenir le gain de performance visé.

Exemple : L'atteinte du niveau optimal visé exige l'ajout de 2,1 employés (9,1 % x 23), ce qui demanderait d'accroître la masse salariale de 88 200 $ (2,1 x 42 000 $).

- L'économie de coût que l'entreprise peut réaliser en éliminant les obstacles à son efficacité et à son efficience.

Exemple : En éliminant les obstacles qui nuisent à l'efficacité et à l'efficience de son service, le gestionnaire-coach peut réaliser une économie annuelle récurrente de 88 200 $.

- La différence entre cette économie et l'ensemble des investissements requis (expertise externe, formation, achat d'équipements) pour réaliser le gain de performance.

Exemple : Si la révision des responsabilités permet de réaliser le gain de performance de 9,1 % sur un an avec un investissement de 35 000 $, le retour sur l'investissement serait de 2,52 : 1.

Comme cet exemple le démontre, en dépit des investissements qu'elle demande, la mise en place d'une organisation du travail orientée vers l'atteinte des résultats peut s'avérer une opération très rentable pour un bon nombre d'entreprises.

Les pièges à éviter

Voyons maintenant les quelques pièges que le gestionnaire-coach doit éviter lorsqu'il entreprend la création d'une organisation du travail orientée vers l'atteinte des résultats, pièges qui peuvent l'empêcher d'atteindre cet objectif: le piège du positivisme, le piège du culte des tâches, le piège de la réorganisation systématique et le piège relatif à l'influence de ses propres paradigmes.

Le piège du positivisme

Ce piège guette les gestionnaires qui ont l'étonnante capacité de se convaincre qu'il n'y a jamais de problème, surtout dans leur propre entreprise. Quelle que soit la réalité, ces gestionnaires réussissent toujours à se persuader que les objectifs de l'entreprise sont clairs et qu'ils sont compris des employés. Ils proclament à qui veut les entendre que tout va pour le mieux. Ils ignorent les conflits qui divisent les employés ou leurs collègues de travail. Ils imaginent et imposent toutes sortes de solutions, sans consulter, sans s'assurer qu'elles répondent à de véritables besoins ou que leurs conditions d'implantation sont appropriées.

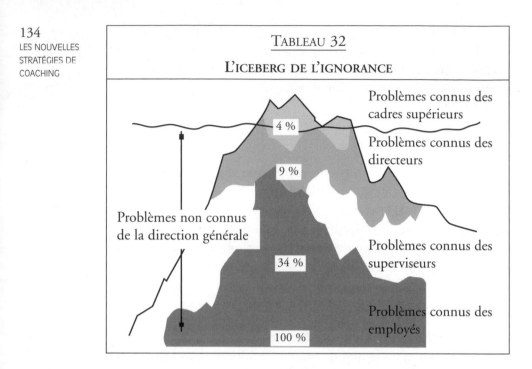

TABLEAU 32

L'ICEBERG DE L'IGNORANCE

Problèmes connus des cadres supérieurs

4 %

Problèmes connus des directeurs

9 %

Problèmes non connus de la direction générale

Problèmes connus des superviseurs

34 %

Problèmes connus des employés

100 %

Une simple observation des divers niveaux de l'iceberg de l'igno-rance[25] peut amener ces gestionnaires à faire preuve d'une plus grande ouverture d'esprit et à consulter périodiquement leurs employés. En effet, ces derniers sont plus près de l'action, plus souvent en contact les uns avec les autres. Il n'est donc pas étonnant qu'ils se fassent généralement une idée plus complète du potentiel et des faiblesses de l'entreprise. Dans cette optique, ils sont ordinairement bien placés pour découvrir rapidement[26] un certain nombre de problèmes tels:

- le manque d'arrimage ou de cohérence entre les objectifs d'affaires, l'organisation du travail et la culture organisationnelle de l'entreprise;

25. Keiser, T. C. et Smith, D.A. «Customer-Driven Strategies: Moving from Talk to Action», *The International Strategic Management Conférence.* Chicago, The Planning Forum, 1993.
26. Koontz, H. et O'Donnell, C., *op. cit.,* pp. 306-326.

135

CRÉER UNE
ORGANISATION DE
TRAVAIL ORIENTÉE
SUR L'ATTEINTE DES
RÉSULTATS

- les duplications, les zones grises et les goulots d'étranglement que créent les responsabilités actuelles des unités administratives ou des employés;
- le manque de délégation d'autorité ou, à l'inverse, une trop grande délégation;
- la confusion entre les lignes d'autorité hiérarchique et les réseaux d'informations;
- la surutilisation des fonctions *staff,* ce qui a souvent pour effet de diluer le pouvoir ou les responsabilités des gestionnaires;
- la surorganisation découlant d'un trop grand nombre de paliers hiérarchiques dans la structure de l'entreprise.

Il va sans dire que ces incohérences et ces déséquilibres exigent l'attention immédiate du gestionnaire-coach, car «... [ils] monopolisent l'intérêt et l'attention des employés, puis ils amènent l'entreprise à se replier sur elle-même, à perdre la perspective du marché et à s'arrêter de progresser[27]».

Le piège du culte des tâches

Dès qu'il est question d'organisation du travail ou de partage des responsabilités, certains gestionnaires ont tendance à devenir très opérationnels et à perdre toute perspective stratégique. Ils se contentent alors de réfléchir uniquement en termes d'activités ou de tâches. La tâche se définit ici comme «une activité observable et mesurable qui, à l'intérieur d'une séquence temporelle, constitue une démarche logique et nécessaire pour la réalisation d'un travail ou l'atteinte d'un but[28]».

Lorsque les gestionnaires tombent dans ce piège, les descriptions de poste deviennent davantage des listes de «comment faire» plutôt qu'un outil permettant de clarifier la direction à suivre et l'importance des rôles et des contributions de chacun des employés. Il ne faut donc pas se surprendre si de telles descriptions ne

27. Gouillart, F. J. et Kelly J. N. *Transforming the Organization.* New York, McGraw-Hill Inc., 1995, p. 291.
28. Legendre, R. *Dictionnaire actuel de l'éducation,* 2e édition. Montréal, Guérin Éditeur Ltée, 1993, pp. 955-958.

permettent pas de mobiliser et de responsabiliser les employés dans l'atteinte des résultats escomptés.

Le piège de la réorganisation systématique

Certains gestionnaires pensent qu'une modification de la structure organisationnelle est la solution à tous les maux de leur entreprise. Ils auraient intérêt à prendre connaissance d'une citation attribuée au général romain Petronius Arbitrer et qui remonte à plus de 2000 ans :

> Nous nous entraînions avec ardeur, mais il semble que chaque fois que nous commencions à devenir des équipes, nous étions réorganisés. J'ai appris plus tard dans la vie que l'on a tendance à se réorganiser chaque fois que l'on fait face à une nouvelle situation. Quelle merveilleuse méthode pour créer une illusion de progrès, lorsqu'en vérité cela produit de la confusion, de l'inefficacité et de la démotivation.

Le piège relatif à l'influence de ses propres paradigmes

Un paradigme[29] est une vision particulière de la réalité que les membres d'un groupe développent en fonction de plusieurs facteurs. Il peut s'agir de leurs croyances, de leurs convictions, de leurs valeurs ou encore des symboles ou des exemples qu'ils utilisent dans leur façon de voir ou d'effectuer leur travail.

Ainsi, les décisions du gestionnaire-coach peuvent être influencées par trois paradigmes qui correspondent à trois façons de concevoir l'entreprise et l'organisation du travail.

Premièrement, le gestionnaire peut endosser une conception « tayloriste » de l'entreprise qu'il associe à une chaîne de montage et qui se fonde sur deux catégories d'employés. D'une part, ceux qui sont affectés à la production et dont les tâches sont très opérationnelles. D'autre part, ceux qui sont responsables de la super-

---

29. *Ibid.*

vision et dont les tâches sont surtout orientées sur le contrôle de la production.

137
CRÉER UNE
ORGANISATION DE
TRAVAIL ORIENTÉE
SUR L'ATTEINTE DES
RÉSULTATS

Pour ce gestionnaire, le contrôle revêt en effet une grande importance, car la chaîne de production peut être affectée par l'absence d'un employé. Ce gestionnaire considère aussi que la performance de l'entreprise s'évalue surtout à partir de critères économiques : l'entreprise doit produire le maximum d'extrants avec le minimum d'intrants, en consommant le minimum d'énergies humaines. De plus, il valorise beaucoup les études de temps et mouvements ainsi que les analyses coûts/bénéfices[30].

Pour les gestionnaires tayloriens, la structure organisationnelle de l'entreprise doit refléter sa taille physique, l'étendue des heures de travail accomplies et le nombre de ses employés. L'organisation du travail est souvent orientée sur un style de gestion directif, même si l'on utilise de temps à autre des équipes de travail plus ou moins responsabilisées pour améliorer la qualité des produits et des services de l'entreprise, sa capacité de production ou les conditions de travail.

Deuxièmement, le gestionnaire peut agir dans le cadre d'une conception systémique de son entreprise. Il va donc avoir tendance à structurer le travail et les liens d'autorité en fonction des processus d'affaires de l'entreprise, de sa gamme de produits ou de services, de ses clientèles ou de la localisation géographique de ses points de fabrication ou de distribution. Ses choix peuvent également être influencés par les variables suivantes :

- le nombre d'employés ou de variétés de spécialistes que l'entreprise regroupe ;
- le niveau de décentralisation de l'entreprise ;
- les besoins de coordination ou d'équilibre entre les différents groupes de spécialistes ou les unités administratives ;
- le pouvoir formel ou informel qu'exerce chacun des principaux groupes d'acteurs (clients, actionnaires, gestionnaires, employés et syndicats) au sein de l'entreprise.

30. Morin, E. M., Savoie, A. et Beaudin, G. *L'efficacité de l'organisation : Théories, représentations et mesures.* Montréal, Gaétan Morin Éditeur, 1994, 158 p.

Comme ces variables sont nombreuses et qu'elles sont toujours en interaction, les gestionnaires qui travaillent dans un cadre systémique ont souvent recours à des organigrammes relativement complexes dotés d'une kyrielle de postes : président du conseil ; président et chef de l'exploitation ; premiers vice-présidents ; vice-présidents ; directeurs ; directeurs adjoints et chefs d'équipe ou de spécialités.

Tant le nombre que cette variété de postes ont souvent des impacts sur la culture organisationnelle de l'entreprise. Et il n'est pas rare d'y trouver des gestionnaires qui définissent leur réussite professionnelle à partir de leur position hiérarchique plutôt que des résultats qu'ils obtiennent. Dans ce cadre systémique, il peut être également difficile de départager les intérêts personnels des décideurs des intérêts supérieurs de l'entreprise. Finalement, pour ajouter à la confusion, ces entreprises ont tendance à laisser le « style de gestion » à la discrétion des gestionnaires : certains sont alors trop directifs alors que d'autres surutilisent la participation des employés.

Troisièmement, plusieurs gestionnaires voient l'entreprise comme une arène politique où les tractations conduisent au succès ou à la disgrâce. Ces gestionnaires se font une conception politique de leur entreprise et ils ont tendance à structurer le travail en fonction des relations qu'ils entretiennent avec les autres. C'est pourquoi, la plupart du temps, leurs amis sont nommés à des postes clés et reçoivent les mandats les plus intéressants. Comme les jeux de coulisse et les changements sont rapides et nombreux, l'organigramme s'élargit en suivant exactement le même rythme, ce qui encourage le développement d'une culture plutôt bureaucratique.

Ces différentes façons de concevoir l'entreprise ne sont ni bonnes ni mauvaises en soi. Mais si le gestionnaire-coach veut créer une organisation du travail orientée sur l'atteinte des résultats, il doit toutefois confier des responsabilités qui soient en lien avec les cibles de performance de l'entreprise et sa structure organisationnelle, plutôt que des responsabilités qui reflètent ses propres paradigmes.

139
CRÉER UNE
ORGANISATION DE
TRAVAIL ORIENTÉE
SUR L'ATTEINTE DES
RÉSULTATS

SECTION 3
Le processus de planification de la main-d'œuvre

En ayant toujours à l'esprit la nécessité de créer une organisation du travail orientée sur l'atteinte de résultats, le gestionnaire-coach doit également mettre en place un processus de planification de la main-d'œuvre. Ceci lui permet de revoir son organisation de travail compte tenu de l'évolution de la performance de l'entreprise et du contexte concurrentiel dans lequel elle évolue. Ce processus annuel, qui se greffe au processus d'élaboration et de suivi du plan d'affaires, demande au gestionnaire-coach de réaliser plusieurs opérations.

- Il doit évaluer les résultats de l'entreprise et de son service, puis identifier les écarts de performance, soit les écarts entre les résultats visés et les résultats obtenus.

Exemple : L'augmentation des ventes de l'entreprise est de 2 %, comparativement à un objectif initial de 5 %.

- En tenant compte des écarts identifiés précédemment, de concert avec ses collaborateurs ou ses employés, il doit également évaluer la façon dont chacune des responsabilités de l'unité a été assumée. Puis, il identifie les activités qui devront être mises en place pour mieux supporter l'ensemble des responsabilités de l'unité.

Exemple : Les gestionnaires ont offert un *coaching* personnalisé à 75 % de leurs employés, alors que tous leurs employés devaient bénéficier d'un tel soutien.

- En tenant compte des résultats obtenus et des contraintes budgétaires, il doit aussi identifier les responsabilités qui doivent être ajoutées, modifiées ou éliminées pour améliorer la compétitivité de l'entreprise.

Exemple : Les gestionnaires doivent s'assurer que tous les employés se sont donné un plan individuel de développement des compétences d'ici le 31 décembre de la prochaine année.

- Il doit planifier les besoins de main-d'œuvre et la relève en tenant compte :
  - des employés appelés à prendre leur retraite dans un horizon de trois ans ;
  - des employés qui occupent des postes clés et dont le départ pourrait être problématique pour l'entreprise.

- Il identifie et met en place des stratégies permettant de disposer des surplus d'effectifs, de préparer la relève ou de recruter des employés qualifiés si l'entreprise prévoit un manque d'effectifs.

Exemple : D'ici huit mois, l'entreprise aura mis en place un programme de soutien à la retraite et un programme de réaffectation pour disposer de ses surplus d'effectifs.

Mais ce processus de la planification de la main-d'œuvre a d'autres avantages. En effet, comme le chapitre suivant permet de le découvrir, ce processus joue un rôle important en ce qui a trait au développement des compétences des employés. Tout d'abord, il permet d'adapter le profil de compétences de chacun des postes en fonction des nouvelles responsabilités que leurs titulaires doivent assumer. Il sert ensuite à amorcer une réflexion sur les stratégies que l'entreprise doit mettre en place pour développer les compétences de ses employés.

Chapitre 5

La quatrième responsabilité du gestionnaire-coach : DÉVELOPPER LES COMPÉTENCES DE SES EMPLOYÉS

*P*our favoriser l'*empowerment* de ses employés, le gestionnaire-coach doit leur préciser la direction à suivre. Pour ce faire, nous l'avons vu, il commence par clarifier les résultats collectifs et individuels à atteindre ainsi que les responsabilités à assumer pour atteindre ces résultats. Il doit également mettre en œuvre des mécanismes qui permettent le développement des compétences de ses employés. C'est une fois toutes ces étapes franchies que les employés posséderont les informations nécessaires pour comprendre, adhérer et passer à l'action. Quant au gestionnaire-coach, tout au long de ce parcours, il s'efforcera de leur apporter le soutien propre à susciter leur *empowerment* et leur autonomie.

Cette brève introduction fait ressortir toute l'importance de la quatrième responsabilité du gestionnaire-coach qui consiste à développer les compétences de ses employés. Dans le cadre de cette responsabilité, il doit identifier au préalable les compétences que l'entreprise doit réunir pour atteindre ses objectifs d'affaires, puis évaluer le niveau de maîtrise de ces compétences par chacun des employés. Enfin, en partenariat avec ces derniers, il précise les stratégies qu'ils doivent privilégier pour développer ces compétences.

Pour l'entreprise, ces différentes activités sont hautement stratégiques. En effet, dans une économie basée sur le savoir, la réussite dépend de sa capacité d'utiliser le plein potentiel de ses employés[1], un potentiel que le gestionnaire-coach doit savoir identifier, maintenir et développer.

Il faut donc faire un effort de définition et de description pour bien saisir les divers aspects de cette quatrième responsabilité du gestionnaire-coach. Il importe en tout premier lieu de présenter les défis du gestionnaire-coach en matière de gestion des compétences. Effectivement, alors que des sommes importantes sont en jeu, il semble que plusieurs entreprises aient de la difficulté à rentabiliser leurs investissements pour se donner une main-d'œuvre compétente et qualifiée. Ensuite, une définition juste de la compétence passe par sa description fondée sur des comportements précis et observables illustrés par différents exemples.

Dans un troisième temps, il est possible de s'inspirer des théories cognitivistes afin de faire connaître au gestionnaire-coach et à ses employés les facteurs à considérer et les stratégies à privilégier pour favoriser l'acquisition et le transfert des compétences. Ces stratégies doivent être mises en place avant, pendant et après les activités de formation. Dans la plupart des cas, elles s'adressent aux employés et aux personnes qui sont en charge du développement de leurs compétences.

Finalement, puisque les conditions de l'*empowerment* demandent au gestionnaire-coach d'identifier les compétences dont les employés doivent faire preuve, puis de soutenir leur développement, il doit donc mettre en place un processus de gestion des compétences et en réaliser les principales étapes.

SECTION 1
Les défis de la gestion des compétences

En règle générale, pour les entreprises, les compétences sont à la fois un facteur de réussite et une source de préoccupations. En effet, pour demeurer compétitive, l'entreprise doit s'assurer que ses employés possèdent les compétences inhérentes à leurs responsabilités mais aussi qu'ils les maintiennent, les développent et les

---

1. Senge, P. M. *The Fifth Discipline : The Arts & Practice of The Learning Organisation.* New York, Doubleday, 1990, 424 p.

utilisent pour contribuer à la réalisation de ses objectifs d'affaires. Ces défis, bien connus de la plupart des entreprises, ne sont pourtant pas systématiquement relevés. Tout en témoignant de cette réalité, plusieurs statistiques tendent à expliquer pourquoi le gestionnaire-coach doit absolument veiller au développement des compétences de ses employés.

Selon McCune[2], 40 % des personnes promues ou recrutées pour assumer les responsabilités d'un poste de haute direction ne réussissent pas à relever le défi qui leur est confié à l'intérieur d'une période de dix-huit mois. Le remplacement de ces gestionnaires entraîne des coûts annuels d'environ 750 000 $. Ces coûts incluent les frais d'embauche, d'entraînement, de formation et les impacts relatifs à une moins grande efficacité. Précisons qu'ils ne tiennent pas compte des indemnités de départ que les gestionnaires remerciés peuvent recevoir.

Les statistiques sont aussi éloquentes du côté des employés. Selon le Bureau américain de la statistique au travail[3], près du quart des employés quittent annuellement leur emploi. Les coûts de ces départs sont eux aussi très élevés. Cela revient à environ 7 000 $ pour réaliser le recrutement, l'embauche et la formation d'un employé qui réponde aux exigences minimales d'un poste. Ce montant ne tient pas compte du temps additionnel que les gestionnaires-coachs doivent consacrer aux nouveaux employés, des baisses de productivité, des taux d'erreurs plus élevés et des impacts sur la clientèle de l'entreprise.

Aux problèmes de recrutement et de remplacement des employés s'ajoute celui de la préparation de la relève. Du fait du vieillissement de la population, certains futuristes estiment que les compagnies devront se battre durant les cinquante prochaines années pour trouver des gestionnaires et des cadres supérieurs qualifiés[4].

Par ailleurs, Pritchett[5] nous apprend que 50 % des habiletés d'un travailleur deviennent désuètes dans un délai de trois à cinq

2. McCune, J. C. « Sorry, Wrong Executive », *Management Review*. New York, AMA publications, octobre 1999, pp. 16-21.
3. Gross, K. *Conquering Mount Maslow,* 1998, pp. 1-3. www.TRI-Performance.com
4. Crainer, S. et Dearlove, D. « Death of Executive Talent », *Management Review*. New York, AMA Publications, juillet-août 1998, pp. 16-23.
5. Pritchett, P. *Mindshift*. USA, Pritchett & Associates Inc., 1996, 60 p.

ans. En 1992, les entreprises américaines ont investi quelque 40 milliards de dollars dans le développement des compétences de leurs employés. Des investissements dont il y a lieu de questionner la valeur ajoutée puisque, d'après les spécialistes[6], le taux de rétention et d'utilisation des connaissances acquises a à peine atteint 15 %. En d'autres termes, seulement 15 % des employés ont utilisé les nouvelles compétences acquises au moment de leur retour au travail. C'est peut-être la raison pour laquelle, en 1991, plus de 90 % des 37 grandes compagnies américaines se sont proposé de modifier leur façon de développer et de répartir leurs activités de formation, ainsi que d'en mesurer les impacts.

Enfin, une autre étude[7] démontre que deux éléments contribuent le plus à la mobilisation des employés. Il s'agit de leur *empowerment* et des possibilités qui leur sont offertes d'améliorer leurs compétences, que ce soit par la formation, par des projets ou par des défis stimulants. Cependant, même si les attentes des employés sont claires, plusieurs entreprises n'arrivent pas à mobiliser leur personnel. Un sondage[8] révèle que la moitié des employés ne fournissent que les efforts requis pour conserver leur emploi. Plus de 85 % d'entre eux prétendent qu'ils pourraient faire un meilleur travail s'ils le désiraient.

Ces quelques chiffres donnent une bonne idée des économies ou des bénéfices que les entreprises pourraient réaliser si elles apportaient des améliorations à la gestion des compétences de leurs employés. Ces données permettent également au gestionnaire-coach de prendre conscience de l'importance du développement des compétences de ses employés et de l'ampleur des défis qu'il devra relever.

---

6. McCune, J.-C. « Measuring the Value of Employee Education », *Management Review*. New York, AMA Publications, avril 1994, pp. 10-15.

7. Quinty, M. « Qu'est-ce qui nous mobilise ? », *Affaires Plus*. Montréal, décembre 1999, pp. 65-66.

8. Spitzer, D. R. *SuperMotivation*. New York, Amacom, dans *Sounview Executive Book Summaries*. vol. 17, n° 10, partie 1, octobre 1995, pp. 1- 8.

SECTION 2
La définition et la description des compétences

Pour susciter l'engagement et l'*empowerment* de ses employés, le gestionnaire-coach doit les aider à faire des liens entre les résultats qu'ils doivent atteindre, les responsabilités qu'ils doivent assumer et les compétences dont ils doivent faire preuve dans leurs actions quotidiennes au sein de l'entreprise. Le tableau 33 illustre les étapes qu'il doit franchir pour y arriver.

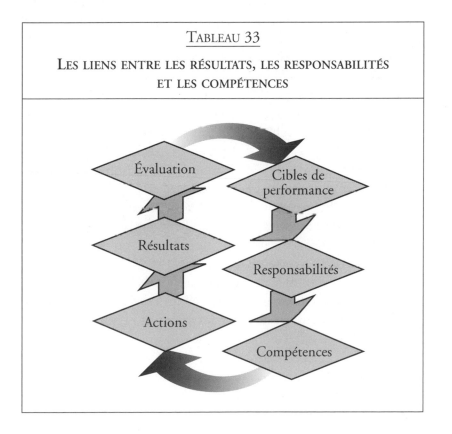

TABLEAU 33

LES LIENS ENTRE LES RÉSULTATS, LES RESPONSABILITÉS ET LES COMPÉTENCES

Le gestionnaire-coach et l'employé doivent donc tout d'abord s'entendre sur les cibles de performance, c'est-à-dire les résultats à atteindre et les responsabilités que l'employé doit assumer. Par voie de conséquence, ces résultats et responsabilités permettent de préciser les compétences dont l'employé devra lui-même faire preuve. Fort de ces informations, l'employé peut alors choisir ses stratégies et ses priorités d'action, puis mesurer son propre succès à partir des résultats qu'il obtiendra. S'il y a des écarts entre les résultats visés et obtenus, l'employé peut apprendre de ses réussites et de ses erreurs, ou encore, de concert avec son gestionnaire-coach, revoir les objectifs et les responsabilités que ce dernier lui avait attribués. Au besoin, l'employé peut obtenir du feed-back sur ses façons de faire les choses ou sur les stratégies qu'il se propose d'utiliser pour parfaire ses compétences.

Cependant, pour qu'un tel feed-back serve vraiment l'amélioration de la performance de l'employé, il est important que gestionnaire et employé s'entendent sur la définition de la compétence.

Pour certains spécialistes de la formation, elle réfère à un ensemble de «savoir», de «savoir-faire» et de «savoir-être». Pour d'autres, la compétence se définit comme un ensemble de «connaissances», «d'habiletés» et «d'attitudes».

Pour les fins du coaching, nous proposons de définir la compétence de façon très opérationnelle, c'est-à-dire de la définir comme un savoir-agir qui découle de la mobilisation d'un ensemble de connaissances et de facteurs liés à des caractéristiques personnelles (valeurs, intelligence, préférences, connaissances antérieures, anxiété, motivation, styles cognitif et d'apprentissage) pour obtenir un résultat visé dans une situation donnée ou pour progresser vers l'atteinte de ce résultat.

Fondée sur un soutien de l'engagement et de l'*empowerment* des employés[9], cette définition signifie que les «savoir-agir» ou compétences doivent être en lien avec les cibles de performance et les responsabilités associées au poste de l'employé ou du gestionnaire. De plus, l'établissement de ces compétences doit aller de pair avec une description très claire des comportements souhaités par l'entreprise, soit des actions concrètes, observables et vérifiables qui témoignent du «savoir-agir» recherché[10]. Par exemple, au lieu de

---

9. L'engagement demande que les employés comprennent, qu'ils adhèrent et qu'ils acceptent de passer à l'action. L'*empowerment* précise la direction, le soutien du gestionnaire-coach et l'autonomie des employés.
10. Green, P. C. *Building Robust Competencies*. San Francisco, Jossey-Bass Inc., 1999, p. 43.

dire que l'employé doit «faire preuve d'une attitude positive à l'égard de l'apprentissage», le gestionnaire-coach va décrire les comportements qui reflètent cette compétence en utilisant des termes opérationnels et précis, comme c'est le cas, par exemple, avec les énoncés suivants :

- L'employé sollicite du feed-back sur les stratégies et les comportements qu'il a utilisés dès qu'il n'obtient pas les résultats visés.
- Il participe aux activités de formation et de développement que propose l'entreprise ou que lui recommande son gestionnaire.
- L'employé reconnaît ses erreurs et identifie des façons de les corriger.

Le tableau 34 comporte de nombreux autres exemples de compétences décrites et associées à des comportements précis et observables. Le gestionnaire-coach peut s'en inspirer s'il désire se donner une idée des travaux qu'il doit réaliser. En effet, ces compétences sont en lien avec les objectifs stratégiques et les responsabilités telles que présentés dans les tableaux 30 et 31 du chapitre précédent, tableaux qui contiennent des exemples de responsabilités orientées vers l'atteinte des résultats.

TABLEAU 34

DES EXEMPLES DE COMPÉTENCES DÉCRITES
PAR DES COMPORTEMENTS
PRÉCIS ET OBSERVABLES

Compétences	Comportements précis et observables
Gérer en fonction des buts et des résultats	Se donne, pour lui-même et son service, des objectifs clairs, mesurables et en lien avec les buts et les objectifs de l'organisation. Assure le suivi de ses objectifs et de ceux de son service en apportant rapidement les correctifs permettant d'atteindre des résultats.

Compétences	Comportements précis et observables
	Établit ses priorités d'action et celles de son service de manière à apporter les contributions les plus efficaces et les plus efficientes à l'atteinte des objectifs.
	Distribue la charge de travail de façon à favoriser l'atteinte des résultats de même que la mobilisation et la responsabilisation de ses employés.
	Pose des gestes concrets pour développer ses compétences et celles de ses employés.
Résoudre des problèmes	Anticipe et aide ses employés à identifier les problèmes pouvant faire obstacle à l'atteinte des objectifs.
	Recueille et traite rapidement les informations pertinentes disponibles.
	Identifie différentes solutions en associant les personnes concernées, même si le contexte peut sembler ambigu.
	Décide des solutions à mettre en place et les fait comprendre.
	Gère l'implantation et le suivi de ces solutions.
Déléguer	Attribue des responsabilités et des mandats spécifiques à ses employés.
	Spécifie les résultats souhaités et les conditions de réalisation.
	Identifie le soutien nécessaire et le fournit à ses employés.
	Souligne et reconnaît les contributions de ses employés.
Gérer le changement	Adhère aux objectifs de l'organisation et facilite l'adhésion de ses employés.
	Établit un plan d'action favorisant l'engagement des employés et l'implantation des changements ou s'assure de l'élaboration de ce plan.
	Gère les leviers et les freins au changement.
	Met en place un processus de suivi de l'atteinte des objectifs.
Gérer l'innovation	Encourage l'émission et l'utilisation d'idées nouvelles ou de solutions novatrices pour atteindre les objectifs.

Compétences	Comportements précis et observables
	Reconnaît que les essais et les erreurs sont des occasions d'apprendre et de s'améliorer. Évalue et accepte les risques associés à ses décisions en s'assurant que ces risques sont acceptables pour l'organisation.
Créer des relations de partenariat	S'entend avec les personnes concernées sur les buts visés et les façons de les atteindre. Utilise les pouvoirs d'autorité, d'expertise et personnel des personnes concernées. Cherche à influencer et accepte de se laisser influencer. Met en place des mécanismes de rétroaction pour améliorer son efficacité personnelle. Reçoit et donne un feed-back utile, crédible, constructif et régulier.
Travailler en équipe	Constitue des équipes de travail lorsque celles-ci peuvent bonifier l'atteinte des objectifs. Contribue à l'efficacité et à l'efficience des équipes de travail en réunissant des compétences complémentaires. Aide ses employés à mettre en place les conditions nécessaires au bon fonctionnement d'une équipe de travail. Soutient les membres des équipes de travail dans la planification, l'organisation et le suivi des activités que demande l'atteinte des résultats.

L'identification des compétences recherchées peut différer d'une entreprise à l'autre. En effet, chacune se distingue par sa raison d'être, par la manière dont se répartissent l'autorité et les responsabilités qui y sont rattachées, par les stratégies qu'elle utilise pour se démarquer de ses concurrents. Toutefois, il est impératif que la formulation des compétences corresponde à une description des comportements précis, observables et vérifiables attendus des gestionnaires et des employés. Dans cette perspective, s'il désire utiliser un des « dictionnaires » de compétences préfabriquées qui sont actuellement offerts sur le marché, il est préférable que le gestionnaire-coach s'assure d'abord que les descriptifs des compétences respectent les règles qui précèdent.

Par ailleurs, dans son entreprise d'identification de comportements précis, observables et vérifiables, le gestionnaire-coach a tout intérêt à s'adjoindre une équipe multidisciplinaire réunissant des spécialistes en ressources humaines, des gestionnaires et des employés performants. Le mandat d'une telle équipe peut comporter quatre volets :

- préciser les responsabilités et les finalités de chacune des catégories de postes ;
- clarifier les critères de performance, c'est-à-dire les comportements ou les résultats obtenus, qui distinguent les employés les plus performants des moins performants ;
- décrire ou préciser les compétences requises et les comportements qu'elles demandent par emploi ou catégorie d'emplois ;
- identifier ou illustrer les cheminements permettant à un employé de passer d'une catégorie de postes à une autre[11].

Un des avantages de cette approche, c'est qu'elle favorise la participation, donc l'engagement des membres de l'équipe. Elle contribue à rendre les compétences plus crédibles aux yeux des employés et permet de s'assurer que les compétences identifiées sont en lien avec les cibles de performance et les responsabilités associées à chaque poste. Mais ce n'est pas tout, car le gestionnaire-coach dispose d'un autre atout très important lorsqu'il établit des compétences basées sur des comportements précis, observables et vérifiables. En agissant de la sorte, il se donne de précieux outils qui sont autant de moyens pour accroître la cohérence et l'efficacité des différents systèmes de ressources humaines de l'entreprise.

---

11. Spencer, L. M. Jr. *Job Competency Assessment. Handbook of Business Strategy.* Boston, Warren, Gorham & Lamont, Inc., 1991, p. 28-1.

En effet, les finalités, les responsabilités et les compétences sont autant de données qui facilitent le positionnement d'un poste dans la structure de l'entreprise, puis l'évaluation de sa rémunération. De plus, dans le cadre d'un processus d'embauche (dotation) ou de planification de la relève, l'évaluation du potentiel et des réalisations des candidats s'effectue à partir d'éléments concrets et précis. Enfin, il est plus facile d'évaluer le rendement et les compétences des employés, de leur faire comprendre les décisions qui les concernent, de leur donner du feed-back et de leur proposer des stratégies de développement.

SECTION 3
L'acquisition et le transfert des compétences

Après avoir relevé le défi que posent le choix et la description des compétences d'un poste ou d'une catégorie de postes, le gestionnaire-coach doit s'attaquer à un autre défi : celui de l'acquisition et du transfert des compétences. Bien qu'il soit de taille, ce défi n'est pas nouveau. Effectivement, dans l'histoire de l'acquisition et du développement des compétences, trois grandes écoles de pensée influencent plus particulièrement le choix des stratégies d'enseignement et d'apprentissage. Il s'agit des écoles behavioriste et humaniste, puis, plus récemment, de l'école cognitiviste[12].

Pour le gestionnaire-coach qui veut développer les compétences de ses employés et s'instrumenter efficacement pour le faire, il est essentiel de découvrir à quel point chacune de ces écoles de pensée influence ses comportements et ses paradigmes. Il lui faut également comprendre et connaître les éléments et les stratégies dont il doit tenir compte pour favoriser l'acquisition et le transfert des compétences.

---

12. Le cadre de référence proposé s'inspire de différents courants de la psychologie et de l'apprentissage.

L'influence des grandes écoles de pensée sur les comportements et les paradigmes du gestionnaire-coach

Dans un premier temps, voyons ce qu'il en est de l'école behavioriste qui influence plusieurs gestionnaires et spécialistes de la formation. Il faut tout d'abord comprendre que pour les behavioristes, les comportements sont des automatismes provoqués. Par conséquent, ils cherchent à découvrir les lois qui expliquent les probabilités d'apparition, de maintien ou de modification de ces comportements[13] et des compétences qu'ils traduisent. Ils estiment enfin que les compétences peuvent se développer par l'introduction de stimuli appropriés, soit de déclencheurs qui provoquent le comportement désiré.

Les gestionnaires influencés par cette école sont portés à utiliser fréquemment la stratégie « de la carotte et du bâton ». Par conséquent, ils récompensent les employés qui affichent les comportements désirés et réprimandent ceux qui ne le font pas.

Cette stratégie n'est pas mauvaise en soi puisque la motivation d'un employé peut dépendre de facteurs externes, tels que les récompenses et les autres types de mesures incitatives. Cependant, l'expérience démontre que cette stratégie est insuffisante pour agir avec efficacité sur l'acquisition et le transfert de nouvelles compétences. Si les employés reproduisent les comportements désirés, dès que les éléments incitatifs disparaissent ou que l'environnement change, ils reviennent rapidement à leurs anciennes façons de faire. De plus, les gestionnaires forcent toujours le choix des comportements à adopter, tout comme ils observent et évaluent les employés. Donc, ils sont souvent perçus soit comme des adversaires, s'ils punissent les comportements d'un employé, soit comme des alliés, s'ils les récompensent.

D'autres gestionnaires sont davantage influencés par une seconde école, celle des humanistes. Dans ce cadre, ils se soucient de développer les compétences en accordant une plus grande importance à l'employé. Plus exactement, ils tiennent compte du fait que

---

13. Tardif, J. « Les influences de la psychologie cognitive sur les pratiques d'enseignement et d'évaluation », *Revue québécoise de la psychologie,* vol. 16, n° 2, 1995, pp. 175-207.

les besoins de croissance et d'actualisation de chaque employé varient d'une personne à l'autre et que ces besoins sont à la base même de leur motivation et de leurs apprentissages. Dans ces conditions, l'acquisition et le transfert des compétences ne passent pas par la distribution de récompenses ou de punitions. À la place, ils se fondent sur les besoins de croissance personnelle de chaque employé.

Pour les gestionnaires qui adoptent cette façon de concevoir l'acquisition et le transfert des compétences, l'environnement de formation doit être flexible, de manière à permettre à l'employé d'explorer et de faire des découvertes personnelles. Ils considèrent aussi que ce dernier joue un rôle important dans le choix des moyens d'apprentissage tout comme il doit se sentir concerné pour s'investir dans les activités de développement.

Enfin, d'autres gestionnaires se réclament d'une troisième école, l'école cognitiviste. Précisons ici que nous partageons les préceptes de cette école. C'est la raison pour laquelle nous nous inspirons de ses apports et de ses approches en ce qui a trait à l'acquisition et au développement des compétences.

Plus exactement, les cognitivistes cherchent à comprendre « comment les employés perçoivent; comment ils dirigent leur attention; comment ils gèrent leurs interactions avec l'environnement; comment ils apprennent; comment ils comprennent; comment ils parviennent à réutiliser les informations qu'ils ont intégrées en mémoire; comment ils transfèrent leurs connaissances d'une situation à une autre[14] ».

Les cognitivistes considèrent que l'apprentissage résulte d'une construction personnelle. Ils s'intéressent donc aux perceptions des employés, à leur façon de résoudre les problèmes[15] et aux facteurs externes et internes qui influencent leur motivation. Selon eux, le processus d'apprentissage demande un engagement de l'employé.

---

14. Tardif, J. *Pour un enseignement stratégique: l'apport de la psychologie cognitive.* Montréal, Les Éditions Logiques, 1992, p. 28.
15. « Les psychologies de l'apprentissage », *Revue Sciences Humaines*, n° 12, février-mars 1996, pp. 38-39.

Les facteurs à considérer pour faciliter l'acquisition et le transfert des compétences

Pour les cognitivistes, tout gestionnaire-coach qui se préoccupe de l'acquisition et du transfert des compétences doit plus particulièrement tenir compte de plusieurs facteurs, soit des trois types de connaissances que demandent les compétences, de l'organisation des connaissances, des caractéristiques individuelles de l'apprenant et des déterminants qui activent sa motivation à apprendre.

Les trois types de connaissances

Répétons-le ici : la compétence se définit comme un « savoir-agir » contextuel, qui s'applique dans une situation donnée et qui vise un résultat prédéterminé. Tardif nous apprend que ce « savoir-agir » repose sur la mobilisation de caractéristiques per-

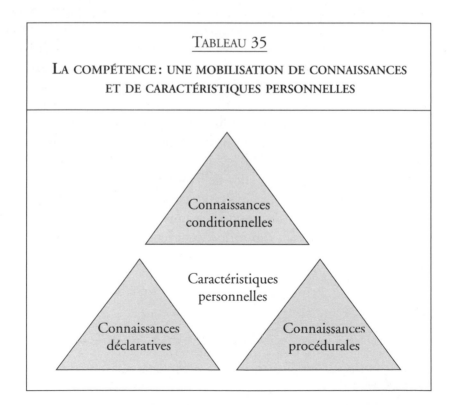

TABLEAU 35

LA COMPÉTENCE : UNE MOBILISATION DE CONNAISSANCES
ET DE CARACTÉRISTIQUES PERSONNELLES

Connaissances
conditionnelles

Caractéristiques
personnelles

Connaissances
déclaratives

Connaissances
procédurales

sonnelles et de connaissances déclaratives, procédurales et conditionnelles[16].

Les connaissances déclaratives sont des connaissances théoriques qui correspondent au «quoi». Elles font référence à des lois,
à des concepts ou à des faits. La connaissance des politiques de l'entreprise en matière de crédit ou des dispositions légales concernant
l'exportation d'un bien sont autant d'exemples de connaissances
déclaratives. Il s'agit donc de connaissances statiques. Mais pour
être compétent, il ne suffit pas à un employé de connaître des
concepts, il faut savoir «comment» les appliquer, mais aussi
«quand» et «pourquoi» il convient d'agir de cette manière. Dans
le cadre des activités de développement des compétences, il est donc
essentiel de tenir également compte des connaissances procédurales et, de façon importante, des connaissances conditionnelles.

Les connaissances procédurales servent à expliquer le «comment» faire. Plus exactement, ce «comment» correspond à une
séquence d'actions que l'employé doit exécuter pour obtenir le
résultat visé. Ainsi, pour appliquer les politiques de l'entreprise
en matière de crédit, l'employé doit d'abord prendre connaissance de la cote de crédit que l'entreprise a attribuée à un client
donné. Puis, il doit déterminer si le solde de son compte et le mon-
tant de son achat s'inscrivent ou non à l'intérieur de la limite de
crédit que l'entreprise est disposée à accorder à ce client.

Quelques mots enfin sur les connaissances conditionnelles. Ces
dernières jouent un rôle de premier plan dans la dynamique du
transfert des apprentissages et dans le développement de l'expertise de l'employé. Ces connaissances sont à la base même du transfert des compétences, car elles permettent à l'employé de déterminer «quand» et «pourquoi» il doit agir. Plus concrètement,
ces compétences réfèrent à une séquence d'actions que l'employé
doit exécuter en tenant compte de la situation, donc des conditions dans lesquelles il se trouve. Ainsi, avant de refuser d'accorder un crédit à un client donné en appliquant très strictement
des politiques de l'entreprise, l'employé doit d'abord évaluer les

---

16. Tardif, J. «Le transfert des compétences analysé à travers la formation de professionnels». Conférence prononcée dans le cadre du Colloque international sur les transferts de connaissances en formation initiale et continue, 1994, 14 p.

habitudes financières de ce client. Il doit également estimer l'écart entre le solde du compte et le crédit consenti s'il autorisait la transaction. Puis, avant de refuser la transaction, il doit tenir compte de l'importance que ce client revêt pour l'entreprise et des conséquences du refus sur les liens d'affaires que ce client et l'entreprise entretiennent.

Ces exemples illustrent clairement que les connaissances procédurales et conditionnelles sont de l'ordre des « savoir-faire » que les employés construisent dans l'action. Pour leur part, les connaissances déclaratives sont de l'ordre du « savoir », donc plus théoriques[17].

L'organisation des connaissances

La façon dont l'employé organise et hiérarchise ses connaissances est un autre facteur à considérer lorsqu'il est question d'acquisition et de transfert des compétences. En effet, pour retenir les informations qu'il reçoit et les réutiliser dans différents contextes, l'employé organise et hiérarchise ces informations sous forme de « schémas ». Plus exactement, ces « schémas » correspondent à des formes d'organisation d'informations et d'expériences qui sont emmagasinées à long terme dans la mémoire.

Le tableau 36 illustre deux schémas qu'un employé s'est construit à partir des informations qu'il a reçues (INFO 1, 2 et 3) et qu'il a organisées puis hiérarchisées en établissant des liens avec ses connaissances (C1, C2, C3, C4, C5 et C6) et ses expériences (E1 et E2).

---

17. Tardif, J. *Le transfert des apprentissages*. Montréal, Les Éditions Logiques, 1999, p. 39.

TABLEAU 36

LES SCHÉMAS :

UNE ORGANISATION DE SES CONNAISSANCES
ET DE SES EXPÉRIENCES

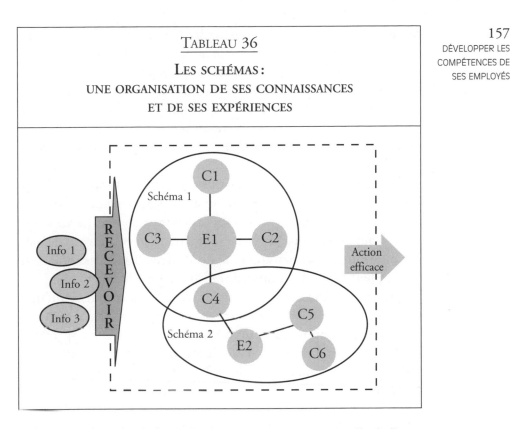

Ces « schémas » résultent d'une construction personnelle de l'employé. Cela signifie qu'une autre personne peut organiser et hiérarchiser les mêmes informations de manière différente. Les schémas ont également un caractère évolutif, car l'employé doit constamment mettre en relation les informations nouvelles qu'il reçoit et celles qu'il possédait déjà, soit ses connaissances antérieures.

Par ailleurs, plus spécialement dans le cadre d'une situation d'apprentissage, l'employé est appelé à modifier des schémas existants, à en créer de nouveaux ou même à éliminer des schémas qu'il s'était faits antérieurement. Apprendre, c'est changer. Les activités de formation doivent donc tenir compte des résistances que le changement peut provoquer. Sans oublier le fait que l'acquisition de nouvelles compétences peut s'avérer être une opération difficile ou menaçante pour certains employés et qui exige d'eux des efforts supplémentaires. En effet, elle leur demande parfois de se remettre en question, de sortir de leur zone de confort, de faire confiance et de se faire confiance ainsi que de voir les avantages personnels, professionnels et sociaux qu'ils peuvent tirer du développement de leurs compétences. Enfin, dans ce processus d'acquisition de nouvelles compétences, les employés doivent accepter le fait qu'ils seront vraisemblablement moins en « contrôle » de leur performance lorsqu'ils commenceront à utiliser leurs nouveaux « savoir-agir » dans l'action.

Plus particulièrement, durant une activité de formation, il est important d'utiliser un ensemble de stratégies pour aider l'employé à structurer ses connaissances et ses expériences sous forme de schémas. D'autant plus que le niveau d'organisation et le niveau de hiérarchisation des connaissances sont les deux caractéristiques qui distinguent l'expert du novice. Le rôle de médiateur[18] que joue le gestionnaire-coach est donc important puisque tout ce qu'une personne possède comme connaissances détermine « non seulement ce qu'elle peut apprendre, mais également ce qu'elle apprendra effectivement et comment les nouvelles connaissances seront apprises[19] ». Si le gestionnaire-coach ou la personne qu'il mandate veut que l'employé change sa perception des choses, donc le schéma qu'il s'en fait, il doit s'appuyer sur les connaissances antérieures de l'employé, l'aider à faire des liens et se donner des schémas qui faciliteront l'expression de ses « savoir-faire ».

Les caractéristiques personnelles

Influencés par l'école behavioriste, plusieurs gestionnaires considèrent différemment les activités de développement des compétences. Certains les associent à un cadeau qu'ils offrent à leurs employés. À l'inverse, d'autres les considèrent comme une exigence à laquelle les employés doivent se plier pour conserver leur emploi. Cadeau ou exigence ? En pensant et agissant de la sorte, ces gestionnaires en arrivent cependant à oublier une chose très impor-

---

18. En situation d'apprentissage, la personne qui agit comme médiateur guide l'employé quand il s'agit d'élaborer des liens entre ses connaissances antérieures et les nouvelles connaissances à acquérir.
19. Tardif, J. *op. cit.*, 1992, p. 32.

tante : la motivation à apprendre ne dépend pas seulement de facteurs externes, mais aussi des caractéristiques individuelles des employés.

Selon Viau[20], plusieurs caractéristiques personnelles distinguent les employés les uns des autres et les amènent à avoir des comportements différents.

- Leur intelligence, laquelle, selon les découvertes les plus récentes[21], est une caractéristique personnelle en constante évolution.
- Leurs connaissances antérieures, soit « l'ensemble des informations, des idées, des perceptions, des concepts, des images et des impacts d'expériences émotionnelles[22] » que chaque employé garde dans sa mémoire à long terme.
- Leurs styles cognitifs et leurs styles d'apprentissage. Les styles cognitifs réfèrent aux façons que les employés utilisent pour apprendre et résoudre les problèmes alors que les styles d'apprentissage réfèrent à leurs préférences en ce qui concerne certaines activités.
- Leurs émotions.
- Leur anxiété, soit le niveau de stress qui découle d'une situation menaçante ou qu'ils appréhendent.
- Leur motivation à apprendre.

Le gestionnaire-coach a donc intérêt à tenir compte de l'ensemble de ces facteurs. Plus particulièrement, s'il veut faciliter l'acquisition et le transfert des compétences, il doit partir des connaissances antérieures des employés pour établir des stratégies qui influencent leur motivation à apprendre.

---

20. Viau, R. *La motivation en contexte scolaire.* Saint-Laurent, Les Éditions du Renouveau pédagogique, 1994, pp. 17-23.
21. « Exploring Intelligence », Scientific American. New York, vol. 9, n° 4, hiver 1998 et *Revue Sciences et Avenir,* « Dossier spécial, intelligence », Paris, décembre 1998.
22. Legendre, R. *Dictionnaire actuel de l'éducation,* 2e édition. Montréal, Guérin Éditeur Ltée., 1993, p. 244.

Les déterminants de la motivation à apprendre

Toujours selon Viau, les connaissances antérieures et la motivation sont les deux caractéristiques qui influencent le plus l'apprentissage des employés. Que peut faire le gestionnaire-coach pour susciter la motivation à apprendre d'un employé et pour qu'il fournisse le temps et les efforts inhérents au développement de nouvelles compétences ? Comme il s'agit ici d'une question de perception, le gestionnaire-coach peut dès lors utiliser des stratégies pour accroître la perception que l'employé se fait :

- de la valeur de l'activité de formation, c'est-à-dire de son utilité en regard de l'atteinte de ses objectifs ;
- de sa compétence, soit de sa capacité de faire preuve des « savoir-faire » qui sont recherchés par l'entreprise ;
- de la « contrôlabilité » de l'activité, c'est-à-dire du degré de contrôle qu'il a sur le déroulement de l'activité de formation et sur les conséquences de ce qu'on lui propose de faire.

Selon Tardif[23], la perception de la « contrôlabilité » ne se limite pas à l'activité de formation. Elle s'étend également à la perception que l'employé se fait du pouvoir qu'il possède d'intervenir sur les causes de sa réussite ou de ses échecs.

Les stratégies favorisant l'acquisition et le transfert des compétences

Plus exactement, quelles stratégies peuvent aider l'employé à s'engager dans une activité de développement de ses compétences et à persévérer jusqu'à ce qu'il ait atteint ses objectifs de développement ?

En fait, plusieurs d'entre elles peuvent être mises en œuvre et utilisées par le gestionnaire-coach désireux de favoriser l'acquisition et le transfert des compétences des employés[24]. Et cette uti-

---

23. Tardif, J. *op. cit.,* p. 100 et suivantes.
24. Adaptés de Viau, R. (1994) ; de Tardif, J. et de Toupin, R. « Un transfert nommé désir », *Gestion, revue internationale de gestion,* vol. 22, n° 3, automne 1996, pp. 114-119.

lisation peut se produire à divers moments, soit avant, pendant et après les activités de formation ou de développement.

Avant la tenue des activités de formation ou de développement

Compte tenu des facteurs qui favorisent l'acquisition et le transfert des compétences, avant d'entreprendre la tenue d'une activité de formation ou de développement des compétences, le gestionnaire-coach a tout intérêt à bien préparer le terrain. Tout d'abord, il souligne les objectifs visés par les activités de développement des compétences : l'amélioration de la compétitivité de l'entreprise ou encore la correction des problèmes précis de performance. Puis, il consulte et implique les employés en ce qui a trait au choix[25] et au développement de l'activité de formation. Il s'agit de faire en sorte que cette formation tienne compte de leurs caractéristiques personnelles et réponde également à leurs besoins et aux objectifs de l'entreprise. Finalement, il veille à définir et à mettre en place une stratégie d'accompagnement de manière à bien gérer les résistances au changement tout en amenant les gestionnaires à soutenir et à animer les activités de suivi à la formation.

Pendant les activités de formation ou de développement

Au cours des activités de formation ou de développement, le gestionnaire-coach, ou la personne qu'il mandate, peut recommander aux employés d'utiliser différentes stratégies d'apprentissage visant à faciliter l'acquisition et le transfert de leurs compétences. Ces stratégies peuvent varier selon le type de connaissances qu'ils doivent acquérir. Le tableau 37 en présente certaines.

---

25. Selon les résultats d'une recherche du *Center for Creative Leadership* et de *General Electric*, les activités de développement jugées les plus efficaces par les employés sont, dans l'ordre : les affectations comportant des défis (48 %) ; les difficultés rencontrées dans l'exécution d'une tâche (18 %) ; le soutien obtenu d'une personne perçue comme importante (17 %) et, en dernier lieu, les programmes de formation (7 %).

TABLEAU 37

LES STRATÉGIES D'APPRENTISSAGE POUR L'EMPLOYÉ

Les types de connaissances	Les stratégies d'apprentissage		Quelques exemples d'activités
Les connaissances déclaratives (définitions, concepts, règles)	Les stratégies de répétition	La répétition est une façon d'apprendre les connaissances déclaratives. La répétition correspond à un regroupement qui facilite l'encodage des informations.	La prise de notes sélectives Le soulignement L'encadrement L'ombrage
	Les stratégies d'élaboration	L'élaboration impose de donner une signification au matériel à apprendre. Il s'agit de le rendre plus compréhensible et de pouvoir mieux l'apprendre et le retenir en établissant des liens entre les anciennes et les nouvelles connaissances.	Les mnémotechniques (procédés d'association mentale) Les notes personnelles La paraphrase La formulation des questions Le résumé L'identification Les analogies Les exemples
	Les stratégies d'organisation	L'organisation permet d'établir des liens entre les nouvelles connaissances pour les rendre plus faciles à apprendre en faisant ressortir leur nature hiérarchique ou en accentuant les ressemblances et les différences entre leurs composantes.	Les listes Les ensembles Les classes Les groupes Les tables des matières Les plans d'action Les réseaux hiérarchiques Les schémas
Les connaissances procédurales (séquence d'actions, procédure à appliquer)	Les stratégies de «procéduralisation»	La «procéduralisation» consiste à rendre la séquence d'actions explicite et facilement compréhensible pour que l'employé puisse les exécuter correctement.	La représentation de la séquence d'actions à exécuter La préparation d'un modèle d'utilisation

Les types de connaissances	Les stratégies d'apprentissage		Quelques exemples d'activités
	Les stratégies de compilation	La compilation consiste à structurer les connaissances selon divers niveaux d'abstraction pour se les représenter de façon déclarative puis procédurale.	Les pratiques (en partie ou globalement) de la séquence d'actions La comparaison de sa performance avec celle d'un pair ou d'un modèle
Les connaissances conditionnelles (le choix de la séquence d'actions est approprié à la situation ou au contexte)	Les stratégies de généralisation	La généralisation permet d'élargir le nombre de situations auxquelles un concept ou une procédure de reconnaissance de modèles ou de patrons s'appliquent.	L'identification ou la création d'exemples L'identification de ressemblances
	Les stratégies de discrimination	La discrimination permet de reconnaître les situations pour lesquelles un concept ou une procédure de reconnaissance de modèles ou de patrons ne sont pas appropriés ou ne s'appliquent pas.	L'identification de contre-exemples La création d'exemples L'identification de différences

Ainsi, la responsabilité relative à l'acquisition et au transfert des connaissances est une responsabilité conjointe que partagent l'employé et son gestionnaire-coach (ou son représentant). L'employé utilise des stratégies qui lui permettent d'être actif en ce qui concerne de son processus d'apprentissage. De son côté, le gestionnaire-coach (ou son représentant) utilise des stratégies de formation pour aider l'employé à apprendre et à réutiliser les connaissances acquises. Le tableau 38 présente certaines de ces stratégies de formation[26].

---

26. Tardif, J. *op. cit.*, 1995, pp. 175-207.

TABLEAU 38

LES STRATÉGIES DE FORMATION À UTILISER
PAR LE GESTIONNAIRE-COACH OU SON MANDATAIRE

Le recours au modèle	Les employés se retrouvent dans un contexte d'observation alors qu'une personne experte exécute devant eux une tâche professionnelle, selon un protocole de pensée à voix haute.
L'entraînement	Les employés doivent réaliser une tâche complexe et bénéficient de l'assistance d'une personne qui agit, entre autres, comme médiateur entre eux et les connaissances qu'ils doivent acquérir.
L'échafaudage	Les employés ont une tâche complète à réaliser et le support qui leur est offert varie selon le degré de maîtrise de leurs compétences. Le responsable de la formation peut assumer une partie de la tâche selon le niveau de compétences des employés.
L'articulation	Le responsable de la formation dirige l'attention des employés sur les compétences et les connaissances qu'ils ont développées ainsi que sur les stratégies qu'ils ont utilisées pour les acquérir.
La réflexion dans l'action	Le responsable de la formation incite les employés à comparer leur processus de résolution de problèmes avec ceux utilisés par une personne experte et d'autres employés.
L'exploration	Le responsable de la formation incite les employés à proposer plusieurs hypothèses de solution pour résoudre un même problème et il incite à générer des problèmes, puis à les solutionner.

Les stratégies qui précèdent tiennent compte des facteurs que le gestionnaire-coach doit considérer pour faciliter l'acquisition et le transfert des compétences de ses employés. Cependant, d'autres éléments peuvent aussi contribuer à l'atteinte de ces deux objectifs. Ainsi, durant les activités de formation, le gestionnaire-coach (ou son représentant) peut permettre aux employés :

- d'identifier les enjeux de cette formation, autant pour eux que pour l'entreprise ;
- de rappeler les objectifs de la formation et les stratégies qui seront utilisées pour les atteindre ;

- de développer leurs compétences à partir de situations représentatives des difficultés qu'ils rencontrent ou qu'ils sont susceptibles de rencontrer dans leur travail, soit des situations réelles, complètes et complexes ;
- de les aider à faire des liens entre les connaissances qu'ils possèdent déjà et les nouvelles connaissances à acquérir ;
- de réaliser plusieurs activités leur permettant de résoudre des problèmes qui ont du sens pour eux et qui ont un lien direct avec les situations qu'ils rencontrent dans leur travail ;
- d'obtenir un feed-back individuel ;
- d'identifier les difficultés qu'ils appréhendent lorsqu'ils auront à réutiliser leurs nouvelles connaissances ainsi que des façons de les résoudre.

Après les activités de formation ou de développement

Malgré leur importance, les activités post-formation qui favorisent l'acquisition et le transfert des compétences sont souvent les plus négligées, même si elles impliquent d'importants défis. Effectivement, elles interpellent tant l'entreprise que le gestionnaire-coach puisqu'elles leur demandent de consentir à plusieurs investissements.

Il s'agit d'abord d'éliminer les contraintes physiques, organisationnelles ou culturelles qui font obstacle à l'utilisation des nouveaux apprentissages et qui ont été identifiées par les employés au cours de la formation. Il faut ensuite bâtir une stratégie de communication qui mette l'accent sur les réussites ou les résultats des employés qui utilisent les nouvelles compétences.

Par ailleurs, dans le cadre de ces activités post-formation, l'offre d'un coaching personnalisé, conjuguée à l'offre de sessions d'entraînement pratique ou d'ateliers de recherche-action[27] pour permettre aux employés de développer ou de partager leurs expertises sont autant de moyens efficaces pour bonifier les acquis de la formation. Il est également souhaitable d'ajuster les systèmes de ressources humaines pour qu'ils tiennent compte des nouvelles compétences recherchées. Enfin et surtout, il faut faire preuve de tolérance à l'égard des erreurs ou

---

27. La recherche-action amène un groupe d'employés à réfléchir « sur et dans l'action » afin d'identifier de nouvelles façons de faire face à des problèmes ou à des situations.

des baisses de performance des employés qui auront à utiliser de nouvelles façons de faire dans l'action.

SECTION 4
Le processus de gestion des compétences

Finalement, pour assumer sa quatrième responsabilité dans les meilleures conditions, soit développer les compétences de ses employés, le gestionnaire-coach peut mettre en place un processus de gestion de la performance, tel que décrit au tableau 39.

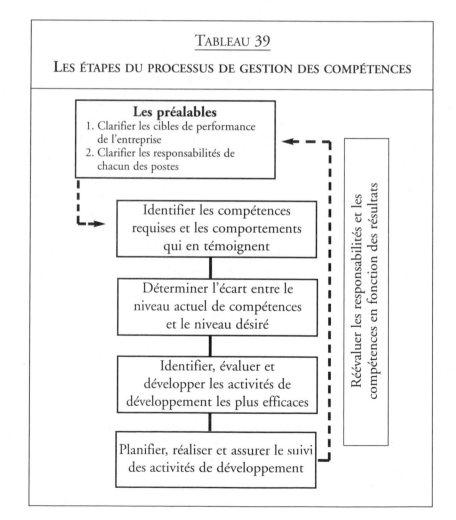

TABLEAU 39

LES ÉTAPES DU PROCESSUS DE GESTION DES COMPÉTENCES

Les préalables
1. Clarifier les cibles de performance de l'entreprise
2. Clarifier les responsabilités de chacun des postes

Identifier les compétences requises et les comportements qui en témoignent

Déterminer l'écart entre le niveau actuel de compétences et le niveau désiré

Identifier, évaluer et développer les activités de développement les plus efficaces

Planifier, réaliser et assurer le suivi des activités de développement

Réévaluer les responsabilités et les compétences en fonction des résultats

Dans ce processus, il doit tenir compte des objectifs collectifs et individuels que l'entreprise poursuit (chapitre 3) et des responsabilités qu'il aura confiées à chacun des employés en créant une organisation du travail orientée vers l'atteinte des résultats (chapitre 4). Ces activités, qui sont en quelque sorte des préalables, sont importantes : elles rappellent aux employés que les compétences ne sont pas une fin en soi, mais un outil qu'ils doivent se donner pour améliorer leur performance et contribuer davantage à la réussite de l'entreprise.

Après avoir clarifié les objectifs et les responsabilités des employés, le gestionnaire-coach peut identifier les compétences rattachées à chacun des postes ou des groupes d'emploi en s'inspirant de l'approche décrite au présent chapitre. Selon cette approche, la description des compétences va de pair avec celle de comportements précis, observables et vérifiables.

À l'étape suivante du processus de gestion des compétences, il faut procéder à l'évaluation des écarts entre le niveau de compétences actuel des employés et celui que l'entreprise estime nécessaire pour maintenir ou accroître sa compétitivité. Cette évaluation peut se faire dans le cadre d'une consultation avec les employés, à partir des observations des gestionnaires ou encore d'un « feed-back multi-sources[28] », souvent appelé « feed-back 360 º ». Pour être plus précis, le « feed-back 360 º » permet de mesurer le niveau de compétences de l'employé à partir de trois sources d'évaluation : l'évaluation qu'il en fait, celle de son supérieur hiérarchique et celle de plusieurs de ses collègues de travail. Ce type de feed-back est donc très structuré. Cependant, à cause des informations qu'il révèle et qu'il faut donc traiter, il correspond aussi à un processus d'évaluation plus complexe et plus coûteux.

Lorsque les écarts de compétences sont connus, le gestionnaire-coach peut alors identifier les besoins en matière de développement de ses employés. Compte tenu des priorités de l'entreprise, il est en mesure de choisir ou de développer les activités qui permettent d'accroître certaines compétences ou de combler les écarts identifiés

---

28. Edwards, M. R. et Ewen, A. J. *360° Feedback, The Powerful New Model for Employee Assessment & Performance Improvement.* New York, Amacom, 1996, 247 p.

lors de l'évaluation des compétences. Cette étape est stratégique, car le gestionnaire-coach doit s'assurer, d'une part, de l'efficacité et de la rentabilité de ces activités de développement, d'autre part, qu'elles tiendront compte des facteurs qui facilitent l'acquisition et le transfert des compétences.

Enfin, dans le cadre de la dernière étape du processus de gestion des compétences, le gestionnaire-coach et ses collaborateurs réalisent les activités de développement, puis en assurent le suivi en appliquant les stratégies post-formation mentionnées précédemment. En complétant ainsi le processus de gestion des compétences, le gestionnaire-coach peut évaluer la pertinence et l'efficacité des activités de développement des compétences qui ont été mises en place. Par ce biais, il se dote de moyens d'accès à des informations inédites qui l'aideront à définir de nouvelles priorités de développement, ou encore, à revoir les responsabilités de ses employés ou le profil de compétences que l'entreprise leur demande.

Chapitre 6

La cinquième responsabilité du gestionnaire-coach : GÉRER LA PERFORMANCE ET L'AMÉLIORATION CONTINUE DE SES EMPLOYÉS

L'environnement concurrentiel d'aujourd'hui oblige les entreprises et leur personnel à se dépasser et à s'améliorer constamment. De là l'importance pour le gestionnaire-coach de susciter l'engagement et l'*empowerment* de ses employés, de bien définir les résultats collectifs à atteindre, de créer une organisation du travail orientée vers l'atteinte des résultats et de développer les compétences de ses employés. En mettant en place ces différents processus de planification et de suivi, le gestionnaire-coach se donne les moyens d'assumer ses quatre premières responsabilités tout en instaurant des boucles de rétroaction lui permettant de bien gérer la performance et l'amélioration continue de l'entreprise.

Mais s'il veut assumer la cinquième responsabilité dont il a la charge, le gestionnaire-coach va devoir aller un cran plus loin et administrer simultanément la performance et l'amélioration continue de chacun de ses employés.

Plus exactement, le gestionnaire-coach va intervenir dès le moment où il constatera que les objectifs de l'entreprise risquent de ne pas être atteints ou dès qu'un employé ou qu'un groupe d'employés n'assument pas leurs responsabilités ou encore qu'ils ne font pas preuve des compétences requises pour obtenir des résultats significatifs. Le gestionnaire-coach doit alors comprendre les causes qui sont à l'origine des écarts, identifier des solutions possibles, puis mettre en place, en partenariat avec ses employés, la ou les solutions les plus efficaces. Toutes ces actions s'inscrivent dans le cadre de la gestion de la performance et de l'amélioration continue des employés.

Mais pour assumer au mieux cette responsabilité, le gestionnaire-coach a besoin de s'inspirer de certaines lignes de conduite et de posséder certains outils qui lui permettent d'identifier les causes d'une mauvaise performance et de connaître l'importance et les caractéristiques d'un bon feed-back. Équipé de la sorte, il est également prêt à bien saisir les objectifs et étapes du processus de gestion de la performance et d'amélioration continue ainsi que leurs outils respectifs. Le gestionnaire-coach découvre ainsi que dans une démarche de feed-back, il faut tenir compte de plusieurs variables, soit:

- des objectifs atteints par l'employé;
- des responsabilités qu'il a assumées;
- des gestes concrets qu'il a faits pour développer ses compétences;
- de la façon dont l'employé a contribué à l'amélioration de la culture, donc des valeurs de l'entreprise;
- finalement, du niveau de soutien qu'il devait aussi obtenir de son gestionnaire-coach.

SECTION 1
Les causes de la non-performance

La formule de l'*empowerment*, soit E = D x S x A ainsi que le tableau 40 qui schématise les causes de la non-performance peuvent servir de cadre de référence à tout gestionnaire-coach soucieux d'identifier les causes d'une performance déficiente et, partant, de dégager certaines pistes de solution.

Sur l'axe horizontal du tableau, on retrouve d'abord les trois conditions de l'engagement des employés: pour s'engager, les employés doivent comprendre, adhérer et passer à l'action. Pour sa part, l'axe vertical comporte une référence aux trois conditions de l'*empowerment*: une direction claire quant aux objectifs, aux responsabilités et aux compétences ; un soutien constant sur le plan du coaching ou des outils de travail ; puis un minimum d'autonomie de la part du gestionnaire-coach et de ses employés. Le tableau cherche à illustrer qu'un problème de performance se manifeste lorsqu'il y a un écart entre le résultat obtenu et le résultat visé. Il présente également certaines des causes qui sont à l'origine d'un tel écart et qui l'expliquent.

171

GÉRER LA
PERFORMANCE ET
L'AMÉLIORATION
CONTINUE DE SES
EMPLOYÉS

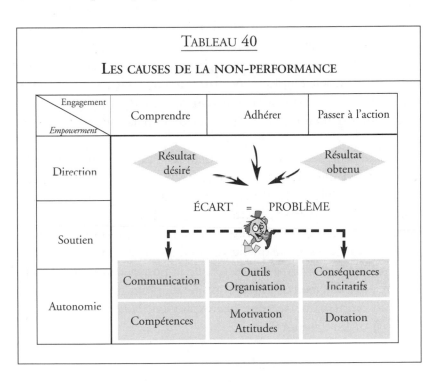

TABLEAU 40

LES CAUSES DE LA NON-PERFORMANCE

Dans bien des cas, les problèmes de mauvaise performance découlent de communications déficientes. Communiquer, c'est répéter et le gestionnaire-coach a peut-être sous-estimé l'importance de ces communications. Il est aussi possible que les employés n'aient pas compris les objectifs à atteindre, les responsabilités à assumer ou les compétences dont ils doivent faire preuve. Parfois, il peut même arriver qu'ils ignorent que les résultats obtenus diffèrent des résultats désirés, ou qu'ils soient dépourvus en ce qui concerne les correctifs qu'ils pourraient apporter.

Les écarts de performance peuvent aussi dépendre d'outils de travail inadéquats. Des pannes d'ordinateur très fréquentes ou l'absence de logiciels pour traiter rapidement l'ensemble des informations disponibles sont autant de facteurs qui peuvent expliquer pourquoi les objectifs initiaux ne peuvent pas être atteints. Par ailleurs, une organisation du travail déficiente peut aussi être la source d'une mauvaise performance : certains employés ont une charge de travail trop élevée, les responsabilités de chacun ne sont pas précises, des duplications, des zones grises ou des goulots d'étranglement nuisent à la productivité des employés.

Les problèmes de performance peuvent aussi être liés à l'absence d'« incitatifs ». Les employés performants ne sont pas récompensés alors que ceux qui n'obtiennent pas les résultats voulus ne font l'objet d'aucun suivi particulier de la part du gestionnaire-coach.

Finalement, les problèmes de mauvaise performance peuvent aussi résulter du manque de compétences des employés ; de problèmes d'attitude et de motivation[1], ou d'un problème de dotation, soit du fait d'avoir recruté un employé n'ayant pas le potentiel requis pour assumer les responsabilités qui lui sont confiées.

Par ailleurs, il semble que le gestionnaire-coach qui veut pousser plus loin son analyse des causes de la non-performance a tout intérêt à consulter ses employés puisque du point de vue de ces derniers, les principaux facteurs[2] qui expliquent la non-performance sont par ordre d'importance :

- le manque de feed-back sur leur performance ;
- le niveau de stress découlant de leur tâche et de leurs conditions de travail ;
- l'absence d'indicateurs leur permettant de déterminer si leurs efforts donnent des résultats tangibles ;

---

1. La motivation se définit ici comme un processus dynamique et continu en vertu duquel une personne contrôle (ou encore est affectée par) l'interaction d'un ensemble de perceptions ou de facteurs individuels ou contextuels qui influencent le niveau d'engagement, d'effort et de persévérance qu'elle déploie dans l'action pour atteindre un résultat prédéterminé.
2. Selon une étude de Csoka, L. *Closing Human Performance Gap*. USA, The Conference Board Europe, 1994.

- des objectifs individuels souvent imprécis;
- des «incitatifs» (pratiques de reconnaissance ou système de récompenses) qui ne sont pas en lien avec les résultats à atteindre, les responsabilités à assumer ou les compétences à développer;
- des «incitatifs» qui ne sont pas adéquats, qui n'incitent pas à la performance;
- l'absence d'un système de gestion de carrière qui tienne compte de la performance à l'intérieur de l'entreprise;
- la peur de l'échec.

173

GÉRER LA
PERFORMANCE ET
L'AMÉLIORATION
CONTINUE DE SES
EMPLOYÉS

SECTION 2
L'importance et les caractéristiques du feed-back

Le message des employés est ici très clair: sans feed-back de leur gestionnaire coach, il leur est difficile d'identifier ce qu'ils doivent faire pour améliorer leur performance, donc leurs contributions à la réussite de l'entreprise. Pour bien assumer sa cinquième responsabilité, le gestionnaire-coach doit donc leur donner du feed-back, soit une rétroaction, sur leur niveau de performance actuel et les aider à trouver des façons de l'améliorer.

Le tableau 41 tient lieu de résumé d'une partie des difficultés que les employés peuvent rencontrer lorsqu'ils ont à évaluer leurs compétences ou leur niveau de performance[3].

3. Adapté de Fisher, K. et Duncan Fisher, M. *The Distributed Mind.* New York, Amacom, 1998, p. 186.

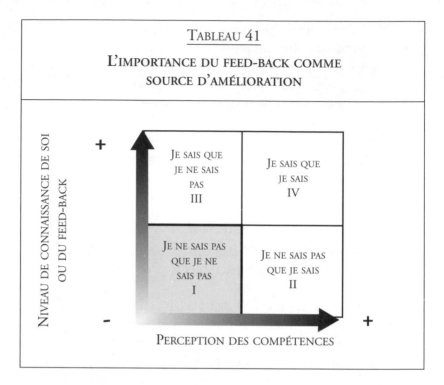

TABLEAU 41

L'IMPORTANCE DU FEED-BACK COMME
SOURCE D'AMÉLIORATION

Ces difficultés sont réparties en fonction de la perception que les employés se font de leurs compétences (axe horizontal) et de leur niveau de connaissance de soi, lequel dépend fortement du feed-back qu'ils ont obtenu de leur gestionnaire ou de leurs collègues de travail (axe vertical).

Du fait du croisement de ces deux variables, l'employé qui a une faible perception de ses compétences et qui se connaît peu, faute de feed-back, ignore qu'il ne possède pas les compétences que demandent ses fonctions ou qu'il est non performant (quadrant I). Un tel employé peut penser par exemple qu'il ne conclut pas de vente du fait que les produits ne répondent pas aux attentes des clients, ou encore que le nombre de sollicitations téléphoniques qu'il effectue au cours d'une journée est identique à celui de ses collègues de travail, en dépit du fait qu'il soit nettement inférieur.

L'employé qui a une meilleure perception de ses compétences, donc des comportements observables dont il fait preuve, est quelque peu avantagé. Parce qu'il reçoit peu de feed-back et qu'il se connaît peu, il n'est pas toujours conscient d'avoir les compétences requises (quadrant II).

Les quadrants III et IV illustrent très visiblement toute l'importance du feed-back. L'employé qui a une faible perception de ses compétences et qui reçoit beaucoup de feed-back sait qu'il ne maîtrise pas suffisamment un certain nombre de compétences (quadrant III). Pour sa part, l'employé qui a une bonne perception de ses compétences et qui reçoit un feed-back périodique est conscient des compétences qu'il possède et de celles qu'il doit développer (quadrant IV).

Le feed-back permet donc à l'employé de mieux se connaître, puis d'améliorer sa performance et de développer ses compétences. Mais pour qu'un feed-back soit efficace, le gestionnaire-coach qui le formule doit respecter cinq grandes obligations qui correspondent également à cinq autres obligations pour l'employé qui reçoit le feed-back[4].

175

GÉRER LA
PERFORMANCE ET
L'AMÉLIORATION
CONTINUE DE SES
EMPLOYÉS

TABLEAU 42	
LES CARACTÉRISTIQUES D'UN BON FEED-BACK	
Les obligations du gestionnaire-coach qui donne le feed-back	Les obligations de l'employé qui reçoit le feed-back
1. Être spécifique	1. Écouter
Le feed-back porte sur un comportement ou un sujet particulier plutôt que général. Il se limite à un nombre restreint d'informations pertinentes, surtout si son impact émotionnel peut être important. Il tient compte des besoins de l'employé qui le reçoit.	L'employé est attentif pour bien comprendre l'information qu'on lui transmet. Il évite de préparer ses réponses pendant que son interlocuteur parle.

4. Adapté de Rothwell, W.J., Sullivan, R. et McLean, G. N. *Practicing Organisation Development.* San Diego, Pfeiffer & Company, 1995, p. 166 ; et de Morin, E. *Psychologie au travail.* Montréal, Gaétan Morin Éditeur, 1996, p. 316.

Les obligations du gestionnaire-coach qui donne le feed-back	Les obligations de l'employé qui reçoit le feed-back
2. Être descriptif Le feed-back est factuel. Il fait référence à des événements récents et observables. Il décrit les conséquences du comportement plutôt que de l'évaluer. Le gestionnaire-coach évite de juger l'employé ou ses façons de faire.	**2. Clarifier et explorer plus à fond** Pour bien comprendre, l'employé pose des questions. Il demande qu'on lui donne des exemples récents ou des clarifications et reformule de temps à autre ce qu'il a compris.
3. Être crédible Le feed-back est vérifiable. Il s'appuie sur plusieurs sources d'informations, telles que les observations du gestionnaire-coach, des collègues de travail, des clients, etc., et s'y réfère.	**3. Se contrôler** L'employé est conscient des émotions que le feed-back suscite. Il distingue les informations obtenues des émotions qu'elles provoquent. Il évalue avec prudence ce qu'il entend.
4. Être utile Pour qu'il soit efficace et qu'il ait un impact, le feed-back doit être donné à un moment propice et rapproché des faits qui sont à son origine. Il doit être compris par l'employé qui le reçoit et lui permettre de prendre action sur quelque chose qu'il contrôle. Idéalement, le feed-back doit être sollicité plutôt qu'imposé.	**4. Synthétiser et obtenir des suggestions** L'employé résume ou formule de nouveau le feed-back reçu pour être certain de bien comprendre. Il demande au gestionnaire-coach s'il a des suggestions quant aux façons de changer le comportement qui est à l'origine du feed-back.
5. Favoriser des interactions et un suivi Le gestionnaire-coach donne le feed-back en permettant à l'employé d'interagir, d'obtenir des clarifications et de suggérer des solutions. Le gestionnaire-coach fait preuve d'empathie. Il se considère comme un partenaire dans l'optique des résultats à obtenir et il convient d'un échéancier et des moyens d'en assurer le suivi.	**5. Convenir d'un plan d'action et de suivi** L'employé s'entend avec le gestionnaire-coach sur les objectifs à atteindre, sur l'aide que le gestionnaire-coach peut apporter et sur le moment où se déroulera le prochain suivi.

Un tel processus de feed-back où les obligations du gestionnaire-coach vont de pair avec celles de l'employé témoigne bel et bien d'une relation de coopération telle que décrite préalablement dans le chapitre portant sur l'engagement et l'*empowerment* des employés (chapitre 2). Il permet au gestionnaire-coach et à son employé d'identifier les causes de la non-performance, puis de trouver ensemble les solutions les plus efficaces pour améliorer leur performance respective.

177
GÉRER LA
PERFORMANCE ET
L'AMÉLIORATION
CONTINUE DE SES
EMPLOYÉS

SECTION 3
Le processus et les outils de gestion de la performance des employés

D'après Gosselin et Saint-Onge[5], la performance des employés a beau être l'élément clé du succès de l'entreprise, elle reste l'élément le plus mal géré par les gestionnaires. Plusieurs facteurs expliquent ce constat d'échec, dont le gestionnaire-coach se doit de tenir compte pour mieux assumer ses responsabilités à l'égard de la gestion de la performance et de l'amélioration continue. Entre autres facteurs, mentionnons les suivants :

- Des objectifs à atteindre et des critères de performance ambigus.
- Des processus dont les objectifs ne sont pas clairs. Certaines entreprises visent l'évaluation de la performance plutôt que son amélioration. D'autres entreprises se contentent d'évaluer le rendement de l'employé, c'est-à-dire sa productivité, plutôt que sa performance par rapport aux attentes de l'entreprise.
- Une gestion « annuelle » plutôt que continue de la performance des employés.
- Des gestionnaires qui se servent du processus de gestion de la performance pour atteindre des objectifs personnels ou contrôler leurs employés.
- Un processus et des outils de gestion de la performance qui ne sont pas crédibles ou qui sont inefficaces.

---

5. Gosselin, A. et Saint-Onge, S. « La performance au travail », *Revue internationale de Gestion*, coll. « Racines du savoir », Montréal, 1998, 271 p.

Le gestionnaire-coach qui désire gérer la performance de ses employés et mettre en place un processus d'amélioration continue doit donc leur communiquer clairement les objectifs et les étapes du ou des processus qu'il se propose de mettre en place[6]. Il doit s'en faire le promoteur et en assurer un suivi régulier. Enfin, pour susciter l'engagement de ses employés, il a avantage à les associer au choix des outils de gestion de la performance qui seront utilisés.

Les objectifs et les étapes du processus de gestion de la performance

En règle générale, un processus de gestion de la performance qui se veut crédible et efficace vise les objectifs suivants :

- faciliter l'atteinte des objectifs de l'entreprise et l'amélioration continue ;
- favoriser le développement des compétences des employés et leur employabilité ;
- clarifier les attentes du gestionnaire-coach et de l'employé et leur permettre de s'entendre sur les améliorations respectives qu'ils doivent apporter ;
- souligner les contributions de l'employé ou lui rappeler les engagements qu'il a pris et l'importance d'y donner suite ;
- reconnaître l'importance du coaching et du maintien d'une relation de coopération entre le gestionnaire-coach et l'employé.

---

6. Toler Sachs, R. *Productive Performance Appraisals.* New York, Amacom, 1992, 103 p.

179
GÉRER LA
PERFORMANCE ET
L'AMÉLIORATION
CONTINUE DE SES
EMPLOYÉS

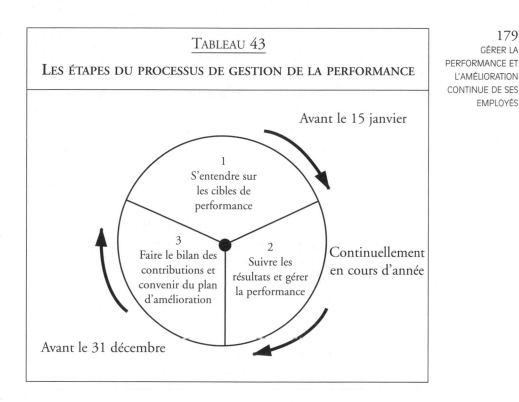

TABLEAU 43

LES ÉTAPES DU PROCESSUS DE GESTION DE LA PERFORMANCE

Avant le 15 janvier

1
S'entendre sur
les cibles de
performance

Continuellement
en cours d'année

3
Faire le bilan des
contributions et
convenir du plan
d'amélioration

2
Suivre les
résultats et gérer
la performance

Avant le 31 décembre

Un tel processus demande que le gestionnaire-coach et son employé s'entendent, au début de l'année, sur les cibles de performance à atteindre. Cette entente précise donc plusieurs éléments, soit :

- les objectifs individuels de l'employé ou de l'équipe dont il fait partie ;
- ses mandats ou ses responsabilités spécifiques ;
- les compétences qu'il entend développer et les moyens qu'il prendra pour le faire ;
- les attitudes qu'il doit favoriser ;
- enfin, les attentes de l'employé en regard du soutien qu'il désire obtenir de l'entreprise ou de son gestionnaire-coach.

Par ailleurs, pour mener à bien un processus de gestion de la performance, le gestionnaire-coach et l'employé doivent faire un suivi périodique, tout au long de l'année, des résultats obtenus et de la performance de l'employé. Ce suivi leur permet de s'assurer que les objectifs sont atteints, que l'employé y contribue au meilleur de ses capacités et que le gestionnaire-coach lui apporte tout le soutien qui lui est nécessaire. Le gestionnaire-coach doit donc rencontrer l'employé et lui offrir du coaching dès que la situation l'exige. Pour sa part, l'employé doit lui-même solliciter un coaching lorsqu'il n'atteint pas ses objectifs ou qu'il s'interroge sur les façons d'améliorer sa performance.

Comme l'illustre le tableau 43, le processus de gestion de la performance demande également au gestionnaire-coach et à l'employé de procéder à un bilan annuel des contributions de l'employé et de s'entendre sur un plan d'amélioration. Si le contexte le permet, le gestionnaire-coach et l'employé pourront profiter de cette étape pour s'entendre sur les nouvelles cibles de performance de l'employé.

Les outils facilitant la gestion de la performance de l'employé

Il nous apparaît à ce stade très pertinent de présenter deux outils qui favorisent une bonne gestion de la performance de l'employé par le gestionnaire-coach. Il s'agit, d'une part, d'un formulaire de gestion de la performance, d'autre part, d'une grille de préparation et de suivi des rencontres et du processus de gestion de la performance.

Le gestionnaire-coach et l'employé peuvent utiliser le premier document, soit le formulaire de gestion de la performance, au début et à la fin du processus. Cet outil leur permet de formaliser leur entente sur les cibles de performance à atteindre, puis d'en assurer le suivi. Plus précisément, ce formulaire permet de circonscrire à la fois les attentes du gestionnaire-coach et les réalisations de l'employé par rapport :

- aux responsabilités spécifiques à assumer ;
- aux objectifs individuels de l'employé ;
- aux compétences à développer et aux stratégies à utiliser pour le faire ; et

181

GÉRER LA
PERFORMANCE ET
L'AMÉLIORATION
CONTINUE DE SES
EMPLOYÉS

- aux attitudes et aux autres comportements dont l'employé doit faire preuve pour répondre à des attentes spécifiques de l'entreprise[7].

L'utilisation du formulaire de gestion de la performance comporte également trois autres avantages. En plus d'encourager les échanges sur les perspectives de carrière de l'employé et sur ses attentes, ce document permet d'évaluer la performance de l'employé, d'une part, en tenant compte des contraintes qu'il a rencontrées en cours d'année, d'autre part, en fonction des résultats qu'il a obtenus et du niveau d'importance de chacun des éléments de l'entente qu'il avait prise avec son gestionnaire-coach en début d'année.

Pour sa part, le second document, soit la grille de préparation et de suivi des rencontres et du processus de gestion de la performance, est un outil que le gestionnaire-coach et l'employé peuvent utiliser pour préparer au mieux leurs rencontres, identifier les façons de les bonifier, puis recueillir leur feed-back respectif sur les façons d'améliorer le processus de gestion de la performance.

Une présentation détaillée de ces deux outils est l'objet des pages qui suivent.

---

7. Le formulaire présenté fournit des exemples d'attitudes et de comportements qui sont favorisés par l'entreprise. Le libellé de ces attitudes et de ces comportements peut être modifié d'une année à l'autre pour corriger ou améliorer les traits culturels que l'entreprise entend privilégier.

DOCUMENT 1

FORMULAIRE DE GESTION DE LA PERFORMANCE

Nom de l'employé :		Poste :
Direction :		
Période couverte :		

1. IDENTIFICATION DES MANDATS OU DES RESPONSABILITÉS SPÉCIFIQUES

Au début de la période d'appréciation de la performance, décrire les mandats et les responsabilités spécifiques confiés à l'employé. Ces mandats et ces responsabilités doivent tenir compte de la description d'emploi et des objectifs du plan d'affaires. Les colonnes « Niveau assumé » et « Résultats » sont complétées en fin d'année par le gestionnaire-coach et l'employé de manière à servir de point de départ à leurs échanges.

#	Description	Pondération (%)		
		-A- Importance/ difficulté	-B- Niveau assumé	RÉSULTATS $\underline{A \times B}$ 100
1.				
2.				
3.				
	TOTAL	100		

183

GÉRER LA
PERFORMANCE ET
L'AMÉLIORATION
CONTINUE DE SES
EMPLOYÉS

% assumé	Cote et description du niveau de performance	Cote attribuée
	1. Moins de 80 % des mandats et responsabilités spécifiques ont été assumés.	
	2. Entre 80 % et moins de 100 % des mandats et des responsabilités spécifiques ont été assumés.	
	3. 100 % des mandats et des responsabilités spécifiques ont été assumés.	
	4. 100 % des mandats et des responsabilités spécifiques ont été assumés de manière exceptionnelle.	

2. IDENTIFICATION DES OBJECTIFS INDIVIDUELS DE L'EMPLOYÉ

Décrire les objectifs individuels de l'employé et indiquer leur pondération en fonction de leur importance relative sur une échelle de 100. Les colonnes «Niveau de réalisation» et «Résultats» sont complétées en fin d'année par le gestionnaire-coach et l'employé pour servir de point de départ à leurs échanges.

#	DESCRIPTION DE L'OBJECTIF SMART	Pondération (%)		RÉSULTATS $\dfrac{A \times B}{100}$
		-A- Importance/ difficulté	-B- Niveau de réalisation	
1.				
2.				
3.				
	TOTAL	100		

% d'atteinte	Cote et description du niveau de performance	Cote attribuée
	1. Moins de 80 % des objectifs individuels ont été atteints.	
	2. Entre 80 % et moins de 100 % des objectifs individuels ont été atteints.	
	3. 100 % des objectifs individuels ont été atteints et quelques-uns ont été dépassés.	
	4. 100 % des objectifs individuels ont été dépassés et l'employé a contribué de manière exceptionnelle et significative aux résultats de son unité administrative ou de l'entreprise.	

3. PLAN D'AMÉLIORATION ET DE DÉVELOPPEMENT DES COMPÉTENCES

185

GÉRER LA
PERFORMANCE ET
L'AMÉLIORATION
CONTINUE DE SES
EMPLOYÉS

Décrire les améliorations que l'employé désire apporter à sa performance et/ou les connaissances et les compétences qu'il entend développer. S'ils sont toujours pertinents, les résultats du dernier feed-back 360° peuvent être pris en considération. Le plan doit aussi tenir compte des objectifs du plan d'affaires et des besoins découlant de la planification de main-d'œuvre de l'entreprise. En fin d'année, le gestionnaire-coach et l'employé font une évaluation du pourcentage des activités réalisées.

#	DESCRIPTION DES AMÉLIORATIONS À APPORTER ET/OU DES CONNAISSANCES OU DES COMPÉTENCES À DÉVELOPPER	ACTIVITÉS DE DÉVELOPPEMENT	Date de réalisation ou de suivi
1.			
2.			
3.			
Évaluation du pourcentage de respect des activités et des échéanciers prévus au plan d'amélioration ou de développement			%

% d'atteinte	Cote et description du niveau de performance	Cote attribuée
	1. Moins de 80 % des activités et des échéanciers ont été respectés.	
	2. Entre 80 % et moins de 100 % des activités et des échéanciers ont été respectés.	

% d'atteinte	Cote et description du niveau de performance	Cote attribuée
	3. 100 % des activités et des échéanciers ont été respectés.	
	4. 100 % des activités et des échéanciers ont été respectés et l'employé a joué un rôle significatif dans le développement des connaissances ou des compétences de ses collègues de travail.	

4. ATTITUDES ET CARACTÉRISTIQUES AU TRAVAIL

En fin d'année, le gestionnaire-coach et l'employé évaluent la façon dont l'employé répond aux attentes de l'entreprise par ses attitudes et ses caractéristiques au travail.

Description	Échelle d'évaluation					Attitudes et caractéristiques		
	1. Très rarement	2. Rarement	3. Habituellement	4. Souvent	5. Très souvent	« A »	« B »	« A » + « B »
1. CENTRATION CLIENTS (INTERNES ET EXTERNES) a. Établit des relations de confiance avec les clients. b. Prend action pour répondre aux besoins et aux attentes des clients.								
2. OPTIMISATION DES RÉSULTATS a. Expérimente de nouvelles façons de faire pour s'améliorer. b. Suit les résultats et apporte les correctifs appropriés.								

187
GÉRER LA
PERFORMANCE ET
L'AMÉLIORATION
CONTINUE DE SES
EMPLOYÉS

Description	Échelle d'évaluation					Attitudes et caractéristiques		
	1. Très rarement	2. Rarement	3. Habituellement	4. Souvent	5. Très souvent	«A»	«B»	«A» + «B»
3. ÉTABLIT DES RELATIONS DE COOPÉRATION a. Sollicite et donne du feed-back. b. Propose différentes solutions.								
4. RESPECTE SES ENGAGEMENTS a. Se donne des échéanciers réalistes. b. Gère bien ses priorités.								
5. TRAVAILLE EN ÉQUIPE a. Apporte des suggestions lors des réunions de l'équipe. b. Partage ses succès et ses bons coups avec ses coéquipiers.								
6. PRÉVIENT ET RÉSOUT LES PROBLÈMES a. Prend des initiatives dès que les problèmes surviennent. b. Reconnaît ses erreurs et prend des moyens pour les corriger.								
TOTAL DES POINTS ATTRIBUÉS (Maximum 5 x 12 = 60)								

Total des points	Cote et description du niveau de performance	Cote
	1. Moins de 48 points.	
	2. Entre 48 et 58 points.	
	3. 60 points.	
	4. 60 points et promotion constante par l'employé des attitudes et des caractéristiques recherchées au travail.	

5. FACTEURS ORGANISATIONNELS SUSCEPTIBLES DE BONIFIER OU D'ENTRAVER LA PERFORMANCE DE L'EMPLOYÉ

Cette section permet à l'employé d'identifier dès le début de l'année ses attentes par rapport aux pratiques organisationnelles qui peuvent bonifier ou entraver sa performance. Avant la rencontre de fin d'année, l'employé et le gestionnaire-coach évaluent le soutien obtenu par l'employé.

Description des attentes	Échelle d'évaluation		Niveau de soutien	
			«A» Désiré	«B» Obtenu
	1. Très bas 2. Bas 3. Moyen 4. Haut 5. Très haut			
1. COMMUNICATION RÉGULIÈRE				
2. PARTICIPATION À LA PRISE DE DÉCISION				
3. DÉLÉGATION DE RESPONSABILITÉS PAR SES SUPÉRIEURS				
4. RECONNAISSANCE DE SES EFFORTS ET DE SES CONTRIBUTIONS PAR SON SUPÉRIEUR				
5. COACHING DU GESTIONNAIRE-COACH OU DES PAIRS				

189
GÉRER LA
PERFORMANCE ET
L'AMÉLIORATION
CONTINUE DE SES
EMPLOYÉS

Description des attentes	Échelle d'évaluation	Niveau de soutien	
		«A» Désiré	«B» Obtenu
1. Très bas 2. Bas 3. Moyen 4. Haut 5. Très haut			
6. SOUTIEN DANS L'ÉLABORATION ET LA RÉALISATION DU PLAN D'AMÉLIORATION OU DE DÉVELOPPEMENT DES COMPÉTENCES			
7. AUTRES (Préciser):			
TOTAL DES POINTS			
Pourcentage du soutien attendu accordé par le gestionnaire-coach (colonne «B»/colonne «A») x 100			

6. OBJECTIFS ET PERSPECTIVES DE CARRIÈRE DE L'EMPLOYÉ

Cette section permet à l'employé de faire connaître ses objectifs de carrière pour en discuter avec le gestionnaire-coach. Le gestionnaire peut également utiliser cette section pour présenter les perspectives de carrière que l'employé pourrait considérer.

_____

_____

_____

_____

_____

_____

_____

7. COTE GLOBALE DE PERFORMANCE DE L'EMPLOYÉ

Ce tableau permet de calculer et de déterminer la cote globale de performance de l'employé. Il peut également permettre d'enrichir la cote globale de performance si l'employé n'a pas obtenu du gestionnaire-coach 80 % du soutien sur lequel le gestionnaire-coach et l'employé s'étaient entendus en début d'année (voir section 5 du tableau précédent qui fait état de la description des attentes).

REPORTER LES COTES DE PERFORMANCE DE CHACUNE DES SECTIONS CI-DESSOUS				TOTAL DES POINTS
Responsabilités spécifiques	Objectifs individuels	Plan d'amélioration	Attitudes au travail	
Ajoutez 1 point si l'employé a obtenu moins de 81 % du soutien convenu (voir résultat de la rubrique 5 ci-dessus)				
Total des points :				
Cote 1 : Performance «insatisfaisante» (moins de 8 points)				Inscrire la cote globale de performance de l'employé ci-dessous
Cote 2 : Performance «satisfaisante» (de 8 à 11 points inclusivement)				
Cote 3 : Performance «supérieure» (de 12 à 15 points inclusivement)				
Cote 4 : Performance «exceptionnelle» (16 points)				

8. COMMENTAIRES DE L'EMPLOYÉ

L'employé peut utiliser cette section pour inscrire ses commentaires et ses suggestions concernant le processus de gestion de la performance, la cote de performance que le gestionnaire-coach lui a attribuée ou le contenu des sections qui précèdent.

9. SIGNATURES

191

GÉRER LA
PERFORMANCE ET
L'AMÉLIORATION
CONTINUE DE SES
EMPLOYÉS

A. RENCONTRES SUR LES CIBLES DE PERFORMANCE	
J'ai reçu copie des cibles de performance à atteindre	
Date:	
Signature de l'employé	Signature du gestionnaire

B. RENCONTRE SUR LE BILAN DES RÉALISATIONS ET LA COTE GLOBALE DE PERFORMANCE	
J'ai reçu copie de l'appréciation de ma performance	
Date :	
Signature de l'employé	Signature du gestionnaire

RENCONTRES DE SUIVI

DATE	ÉLÉMENTS DISCUTÉS ET SUIVIS À APPORTER (Utiliser le verso au besoin)	INITIALES	
		Gest.	Empl.

DOCUMENT 2

GRILLE DE PRÉPARATION ET DES SUIVIS DES RENCONTRES ET DU PROCESSUS DE GESTION DE LA PERFORMANCE

Cochez la case appropriée selon que la réponse est «oui» ou «non»	Oui	Non
Avant les rencontres — Le gestionnaire-coach a rencontré l'employé quand le besoin s'est présenté pour lui fournir du coaching ou clarifier ses attentes.		
Le moment et le lieu de la rencontre sur l'appréciation de la performance étaient appropriés.		
La rencontre d'appréciation de la performance a été planifiée suffisamment à l'avance pour permettre au gestionnaire-coach et à l'employé de s'y préparer adéquatement.		
Avant la rencontre, le gestionnaire-coach et l'employé ont pris le temps de consulter la documentation pertinente (plan d'affaires, plan d'amélioration, description d'emploi, etc.).		
Le gestionnaire-coach et l'employé ont pris soin de recueillir des informations factuelles sur la performance de l'employé.		
Le formulaire de gestion de la performance a été complété à l'avance.		
Pendant les rencontres — Le gestionnaire-coach et l'employé ont pris le temps d'établir un climat propice aux échanges.		
Le gestionnaire-coach a expliqué les objectifs de la rencontre et la façon dont elle se déroulerait.		
Le gestionnaire-coach et l'employé ont fait une bonne utilisation des clés de la concertation, du feed-back et de la responsabilisation.		
Entente sur les cibles de performance en début d'année		
Le gestionnaire-coach et l'employé ont défini clairement les objectifs individuels de l'employé, ses mandats et ses responsabilités spécifiques, son plan d'amélioration et de développement et les attitudes dont il devait faire preuve au travail.		
Le gestionnaire-coach et l'employé se sont entendus sur les cibles de performance.		

Cochez la case appropriée selon que la réponse est «oui» ou «non»	Oui	Non
Les attentes de l'employé par rapport au soutien qu'il souhaitait obtenir du gestionnaire-coach ont été clarifiées.		
Bilan des réalisations et appréciation globale de la performance		
Le gestionnaire-coach et l'employé ont pris le temps de discuter et de comprendre les similitudes et les différences qui se manifestent dans leur façon d'apprécier la performance de l'employé.		
Le gestionnaire-coach et l'employé se sont donné des exemples concrets pour illustrer leur point de vue.		
Le gestionnaire-coach a utilisé la clé du feed-back pour obtenir de l'information de la part de l'employé sur ce qu'il pense ou ressent à propos de ce qui vient d'être dit.		
Le gestionnaire-coach a expliqué à l'employé les conséquences positives ou négatives de la cote globale de performance qui lui était attribuée.		
Le gestionnaire-coach a profité de la rencontre pour souligner les forces et les bons coups de l'employé.		
Les échanges ont été constructifs.		
Le gestionnaire-coach et l'employé ont identifié des solutions concrètes pour aider l'employé à s'améliorer.		
Le gestionnaire-coach et l'employé se sont entendus sur un plan d'action concret et un échéancier de travail.		
Le gestionnaire-coach et l'employé se sont entendus sur la fréquence des rencontres de suivi et sur la date de la prochaine rencontre.		
Le gestionnaire-coach et l'employé ont terminé leur rencontre en faisant le bilan de son déroulement dans le but de s'améliorer.		
Après les rencontres — Le gestionnaire-coach et l'employé ont signé le formulaire de gestion de la performance et ils en ont conservé une copie.		
Le gestionnaire-coach et l'employé ont fait un bilan personnel du déroulement de la rencontre pour identifier des façons de s'améliorer.		
Les activités de suivi ont été notées à l'agenda du gestionnaire-coach et de l'employé.		
L'original du formulaire de gestion de la performance a été classé au dossier de l'employé.		

193

GÉRER LA
PERFORMANCE ET
L'AMÉLIORATION
CONTINUE DE SES
EMPLOYÉS

SECTION 4

L'harmonisation des processus de gestion pour accroître l'efficacité du gestionnaire-coach et créer un processus d'amélioration continue

Le temps est une ressource limitée. Et c'est une des principales contraintes avec lesquelles le gestionnaire-coach doit composer. Il doit donc faire une utilisation optimale de son temps. Dans le cas contraire, le manque de temps risque de devenir une excuse qu'il invoquera pour justifier le fait qu'il n'aura pas assumé l'ensemble de ses responsabilités[8].

Mais quelle est la clé qui permet d'accéder à une optimisation optimale de son temps ? Elle réside en un mot : harmonisation. Plus exactement, le gestionnaire-coach doit harmoniser et rendre cohérents l'ensemble des processus de gestion qu'il utilisera pour bien assumer ses différentes responsabilités. De façon plus concrète, cela signifie :

- En premier lieu, que le processus d'élaboration et de suivi du plan d'affaires alimente le processus de planification de la main-d'œuvre.
- En deuxième lieu, que ces deux premiers processus alimentent à leur tour le processus de gestion des compétences.
- En dernier lieu, que ces trois processus servent à supporter le processus de gestion de la performance de l'employé.

En effet, dès que les objectifs du plan d'affaires sont clarifiés, le gestionnaire-coach peut rectifier les besoins de main-d'œuvre de l'entreprise et s'assurer que l'organisation du travail facilite l'atteinte des objectifs de l'entreprise. Si des modifications sont apportées à la structure organisationnelle ou au partage des responsabilités entre les employés, il peut alors revoir en conséquence leur profil de compétences. Une fois que ces révisions seront effectuées, le gestionnaire-coach et l'employé s'entendront sur les cibles de performance que l'employé devra atteindre.

---

8. Mackenzie, A. *The Time Trap.* 3e édition, New York, Amacom, 1997, 281 p.

195

GÉRER LA
PERFORMANCE ET
L'AMÉLIORATION
CONTINUE DE SES
EMPLOYÉS

Une fois l'harmonisation des processus de gestion réalisée, le gestionnaire-coach est en mesure de mieux soutenir ses employés. En effet, ses rencontres avec ces derniers deviennent autant d'espaces de discussion sur l'ensemble des facettes de leur performance, c'est-à-dire de leurs objectifs, de leurs responsabilités, de leurs compétences et des stratégies qu'ils mettent en place pour s'améliorer continuellement.

Enfin, comme chacun des processus est évalué en regard de son efficacité et de son bon fonctionnement, ces différentes évaluations créent des boucles de rétroaction qui permettent au gestionnaire-coach de perfectionner l'ensemble des processus de gestion de l'entreprise et ce, sur une base continue.

Le tableau 44 illustre la façon dont les processus de gestion de l'entreprise peuvent s'harmoniser pour accroître l'efficacité du gestionnaire-coach et de ses employés et créer un processus d'amélioration continue. Les liens entre chacun des processus qu'utilise le gestionnaire-coach pour assumer ses responsabilités sont représentés par des lignes pleines. Pour leur part, les boucles de rétroaction ou d'amélioration continue sont représentées par des lignes pointillées. Comme le tableau permet de le constater, le processus de gestion de la performance de l'employé joue un rôle de tout premier plan. En effet, la rétroaction obtenue de l'employé permet au gestionnaire-coach de revoir ou d'améliorer le plan d'affaires de l'entreprise, mais aussi la planification de la main-d'œuvre ainsi que ses priorités ou stratégies de développement des compétences.

TABLEAU 44

L'HARMONISATION DES DIFFÉRENTS PROCESSUS DE GESTION POUR ACCROÎTRE L'EFFICACITÉ DU GESTIONNAIRE-COACH ET CRÉER UN PROCESSUS D'AMÉLIORATION CONTINUE

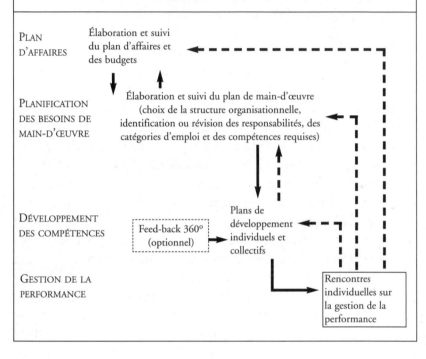

PLAN
D'AFFAIRES

Élaboration et suivi
du plan d'affaires et
des budgets

PLANIFICATION
DES BESOINS DE
MAIN-D'ŒUVRE

Élaboration et suivi du plan de main-d'œuvre
(choix de la structure organisationnelle,
identification ou révision des responsabilités, des
catégories d'emploi et des compétences requises)

DÉVELOPPEMENT
DES COMPÉTENCES

Feed-back 360°
(optionnel)

Plans de
développement
individuels et
collectifs

GESTION DE LA
PERFORMANCE

Rencontres
individuelles sur
la gestion de la
performance

Chapitre 7

La sixième responsabilité
du gestionnaire-coach :
AIDER SES EMPLOYÉS À DEVENIR PLUS
EFFICACES ET PLUS AUTONOMES

*L*a réussite de l'entreprise repose sur la performance, soit les résultats et les efforts de ses employés. Partant de ce postulat, dans le cadre de la sixième et dernière responsabilité qu'il doit assumer, le gestionnaire-coach va tout mettre en œuvre pour aider ses employés à devenir plus efficaces et plus autonomes. Rappelons ici que l'efficacité se définit comme la capacité d'atteindre l'effet visé sans créer d'effets secondaires indésirables[1]. Quant à l'autonomie[2], elle réfère à la capacité de recevoir l'information sans la déformer, de faire des choix éclairés et d'en assumer la responsabilité.

Le gestionnaire-coach va agir différemment selon les objectifs rattachés à son intervention. Il se pose comme un mentor, si l'objectif de son intervention vise à répondre aux besoins personnels ou professionnels de l'employé. Par contre, si son objectif se rattache toujours à l'amélioration de la performance de l'employé, il se pose sans le moindre doute comme un coach.

Une chose est certaine, quel que soit l'objectif qu'il poursuit, cette sixième responsabilité demande au gestionnaire-coach de faire montre de trois grandes aptitudes. Il doit d'abord être en mesure

---

1. St-Arnaud, Y. *Le changement assisté : compétences pour intervenir en relations humaines.* Montréal, Gaétan Morin Éditeur, 1999, p. 85.
2. Cette définition de l'autonomie s'inspire du processus d'actualisation de St-Arnaud. Voir St-Arnaud, Y. *S'actualiser par des choix éclairés et une action efficace.* Montréal, Gaétan Morin Éditeur, 1996, 108 p.

de déléguer des responsabilités à ses employés pour leur permettre d'accroître leur efficacité et leur autonomie. Puis, il doit aider ses employés de manière à leur permettre de mieux connaître leurs caractéristiques personnelles ainsi que les facteurs qui peuvent nuire à leur efficacité et à leur autonomie. Enfin, il doit amener ses employés à découvrir puis à expérimenter différentes pistes d'amélioration.

SECTION 1
La délégation

La délégation est une des stratégies que le gestionnaire-coach peut utiliser pour accroître, en même temps que sa propre efficacité, l'autonomie de ses employés. Ce processus de management[3] lui permet en effet de se consacrer à des activités ayant plus de valeur ajoutée pour l'entreprise. La délégation a également pour effet de faciliter l'engagement des employés, tout en contribuant à leur mobilisation et au développement de leurs compétences. En effet, comme la délégation dote les employés d'une autorité qui va de pair avec un pouvoir d'agir, elle leur permet de devenir plus efficaces et plus autonomes.

Quel cheminement faut-il suivre pour parvenir à une délégation réussie ? Le gestionnaire-coach et l'employé doivent définir ensemble toute une série d'éléments, soit la nature et l'importance du mandat à réaliser, les objectifs à atteindre, l'échéancier de travail et les standards de performance à respecter. À titre d'exemple, l'employé peut être mandaté pour concevoir et réaliser la campagne marketing prévue dans le plan d'affaires en vue d'accroître les ventes de l'entreprise de 10 %. Pour réaliser son mandat, il doit composer avec trois balises. Premièrement, cette campagne doit être réalisée dans un délai de trois mois. Deuxièmement, elle dispose d'un budget maximal de 25 000 $. Troisièmement, cette campagne doit être l'occasion de mobiliser l'ensemble des employés. Une fois le mandat précisé, le gestionnaire-coach doit accorder à l'employé l'autorité et le pouvoir d'agir. Cela signifie qu'il ne devra

---

3. Maddux, R. B. *Déléguez.* Paris, Les Presses du management, 1995, 77 p.

199

AIDER SES
EMPLOYÉS À
DEVENIR PLUS
EFFICACES ET PLUS
AUTONOMES

intervenir que si la situation l'exige. Il prévoit également faire des suivis réguliers pour évaluer, en collaboration avec l'employé, la progression du mandat qui lui a été confié.

L'art de la délégation n'est pas inné. Le gestionnaire-coach doit apprendre à déléguer, à réunir les conditions de succès d'une bonne délégation et surtout, à surmonter les obstacles que peut rencontrer toute entreprise de délégation.

Par ailleurs, il semble que le gestionnaire-coach peut toujours trouver de bonnes excuses pour ne pas déléguer[4]. Il peut en effet invoquer le manque de connaissances ou d'expérience de ses employés. Il peut s'appuyer sur le fait qu'il lui faut plus de temps pour faire comprendre le mandat à ses employés que pour le réaliser lui-même. Il soulève aussi le risque que ses employés commettent des erreurs ou encore le fait qu'ils soient déjà très occupés.

Mais de telles excuses sur lesquelles se fonde un refus de déléguer ont souvent pour objectif de cacher le manque d'efficacité ou la faible autonomie du gestionnaire-coach. Ainsi, ce dernier peut refuser de déléguer parce qu'il a de la difficulté à exprimer des attentes claires et précises ou parce qu'il craint que ses employés ne soient pas prêts à assumer de nouvelles responsabilités. Enfin, le refus de déléguer peut tout simplement être lié à sa peur de déléguer ou de perdre son contrôle ou son pouvoir sur ses employés.

SECTION 2
Les traits de personnalité et les styles de pensée

« Tous les hommes sont semblables. Certains se ressemblent. Chacun est unique[5] », ce qui équivaut à dire que chaque employé a des caractéristiques qui lui sont propres et une façon particulière de concevoir le monde qui l'entoure.

Par conséquent, s'il veut aider ses employés à accroître leur efficacité et leur autonomie, le gestionnaire-coach doit bien entendu

---

4. Soundview Editorial Staff. *Skills for Success: The Experts Show the Way*. USA, Soundview Executive Book Summaries, 1989, 109 p.
5. Citation rapportée par Yves St-Arnaud dans St-Arnaud, Y. *S'actualiser par des choix éclairés et une action efficace*. Montréal, Gaétan Morin Éditeur, 1996, p. VI.

tenir compte de ces caractéristiques individuelles. Mais il doit également aider ses employés à les découvrir. Il peut donc leur conseiller de recourir à des psychologues industriels pour obtenir davantage d'informations sur leurs traits de personnalité et leurs styles de pensée.

Ainsi, en comprenant mieux les caractéristiques personnelles de ses employés, le gestionnaire-coach peut « mettre à profit leurs différences individuelles au travail dans le but de faciliter le travail en équipe, de favoriser le développement des compétences et d'améliorer la performance[6] ».

Selon une typologie mise au point par Harrison et Bramson[7] et visant à aider les gestionnaires-coach et les employés à mieux se connaître, les différences individuelles qui distinguent les personnes les unes des autres s'expliquent surtout par leurs styles de pensée respectifs, lesquels réfèrent aux façons de questionner les gens, de prendre des décisions et de résoudre des problèmes. Ainsi, selon ces auteurs, les personnes peuvent être synthétistes, idéalistes, pragmatiques, analystes ou réalistes ou encore combiner plusieurs de ces styles.

Les synthétistes aiment « challenger » les autres ou mettre en évidence les absurdités d'une situation. Ils n'ont pas peur des conflits et ils formulent souvent plusieurs hypothèses pour expliquer une situation ou y faire face. Créatifs et ouverts aux idées, ils peuvent devenir sarcastiques et distants s'ils ont l'impression de ne pas être écoutés.

Les idéalistes sont à la fois très expressifs et très réceptifs. C'est pourquoi ils donnent beaucoup de feed-back verbal et non verbal. À la différence des synthétistes, ils détestent les conflits et tentent souvent de rallier les gens qui expriment des idées différentes. Par contre, à cause de leur système de valeurs, ils ne sont pas à l'aise lorsque des personnes utilisent des façons différentes des leurs de résoudre les problèmes. Cependant, comme ils désirent faire les

---

6. Morin, E. M. *Psychologies au travail.* Montréal, Gaétan Morin Éditeur, 1995, p. 15.
7. Harrison, Allen, F. et Bramson, Robert, M. *Styles of Thinking: Strategies for Asking Questions, Making Decisions, and Solving Problems.* New York, Anchor Press Doubleday, 1982.

201

AIDER SES
EMPLOYÉS À
DEVENIR PLUS
EFFICACES ET PLUS
AUTONOMES

bonnes choses et les faire de la bonne façon, ils peuvent tarder à prendre des décisions.

Pour leur part, les pragmatiques sont ouverts, sociables et orientés sur l'action. Ils font une chose à la fois en tenant compte du contexte et en apprenant de leurs bons coups comme de leurs erreurs. Pour eux, chaque situation est unique. Mais ils sont parfois impulsifs, imprévisibles et difficiles à contrôler.

Distants, méticuleux et très disciplinés, telles sont les caractéristiques des analystes. Friands d'informations, ils sont toujours à la recherche de la meilleure façon d'analyser des faits, d'évaluer des solutions et de prendre des décisions. Ils ont tendance à penser que leur façon de faire les choses est la meilleure et ils ont de la difficulté à reconnaître leurs erreurs.

Enfin, les réalistes sont directs, francs et très terre à terre. Comme, pour eux, seuls les faits sont importants, ils ont tendance à tout simplifier, se font des opinions parfois un peu trop rapidement et changent difficilement d'avis. Enfin, ils ne sont pas à l'aise lorsqu'ils se retrouvent dans des situations ambiguës.

La connaissance de ces divers styles de pensée ainsi que la reconnaissance du style qui caractérise les personnes dans un environnement donné peuvent aider le gestionnaire coach ou l'un de ses employés :

- à mieux se connaître et à être plus flexible et plus efficace dans ses rapports avec les autres ;
- à découvrir ses zones de vulnérabilité et les occasions où il se rend plus vulnérable afin de se corriger et d'éviter de commettre des erreurs importantes ;
- à optimiser les avantages et les forces associés à chacun des styles ;
- à développer différentes façons de voir les choses, de communiquer avec les autres et de les influencer.

SECTION 3
Les conditions de l'efficacité personnelle

Par ailleurs, pour aider ses employés à accroître leur efficacité personnelle, le gestionnaire-coach doit savoir comment développer cette efficacité ou encore connaître quels sont les facteurs qui expliquent la réussite personnelle.

Pour ce faire, il peut s'inspirer des résultats de certaines recherches menées par des auteurs à succès tels que Covey, Senge, Goleman et St-Arnaud, des auteurs qui ont cherché à décrire les « savoir-faire », les « savoir-être » ainsi que les stratégies qui conduisent à l'efficacité et à la réussite personnelle.

Les sept habitudes des personnes qui réussissent

Selon Covey[8], notre caractère est le reflet de nos habitudes, c'est-à-dire de nos façons de nous comporter et d'agir. Et nos habitudes dépendent pour leur part de nos connaissances, de nos habiletés et de notre volonté. Selon l'approche de Covey, le gestionnaire-coach et ses employés qui désirent réussir sur le plan personnel doivent passer d'un stade de dépendance à un stade d'indépendance, puis de ce stade d'indépendance à un stade d'interdépendance. Cette évolution personnelle leur demande de bien se connaître, d'augmenter la maîtrise de soi et de poursuivre leur développement en travaillant en synergie avec les autres. Leur efficacité passe également par le maintien d'un équilibre entre le résultat obtenu et les ressources utilisées pour obtenir cet équilibre. S'il y a un déséquilibre, il est possible que le gestionnaire-coach et l'employé puissent réaliser des gains à court terme, mais ils deviendront inefficaces à moyen ou à plus long terme.

Les sept habitudes mises en évidence par Covey visent donc à soutenir l'efficacité, tant du gestionnaire-coach que de l'employé et ce, à plus long terme. Avec le temps et la pratique, ces habitudes façonnent leurs caractères respectifs, tout comme elles leur fournissent un cadre de référence pour les aider à résoudre

---

8. Covey, Stephen, R. *The 7 Habits of Highly Effective People : Restoring the Character Ethic*. New York, Simon and Schuster.

les problèmes, à profiter des occasions et à se développer continuellement.

203

AIDER SES
EMPLOYÉS À
DEVENIR PLUS
EFFICACES ET PLUS
AUTONOMES

Plus exactement, les trois premières habitudes (proactivité, action, priorités) permettent de passer de la phase de la dépendance à celle de l'indépendance. Les trois habitudes suivantes (approche gagnant-gagnant, empathie, coopération/synergie) facilitent le passage de la phase d'indépendance à celle de l'interdépendance. Quant à la septième habitude, elle vise l'amélioration continue.

La première habitude est donc celle de la proactivité. En d'autres termes, le gestionnaire-coach et l'employé doivent être proactif, c'est-à-dire avoir des initiatives et faire en sorte que les choses se produisent. Ils doivent donc faire de bons choix.

La deuxième habitude concerne l'action. Le gestionnaire-coach et l'employé doivent donc passer à l'action en tenant compte des objectifs qu'ils poursuivent. Dans ce cadre, ils peuvent se donner une mission personnelle sur les plans personnel, professionnel et social, puis définir les valeurs qu'ils entendent privilégier.

La troisième habitude est relative aux priorités. Le gestionnaire-coach et l'employé doivent établir et gérer leurs priorités, mais aussi s'organiser et se discipliner pour faire en sorte que leurs objectifs se réalisent. La planification et la délégation sont au nombre des processus qui peuvent les aider à devenir plus efficaces.

La quatrième habitude va de pair avec l'utilisation d'une approche dite « gagnant-gagnant » dans tous leurs rapports avec les autres. En d'autres termes, ils doivent être en mesure de trouver une solution gagnante pour chacun. S'il est impossible d'identifier une telle solution, le gestionnaire-coach et l'employé doivent avoir le courage de le reconnaître de manière agréable et civilisée.

La cinquième habitude réclame du gestionnaire-coach et de l'employé qu'ils soient capables de chercher à comprendre leur interlocuteur avant de chercher à être eux-mêmes compris. Ils doivent donc faire preuve d'empathie, c'est-à-dire comprendre le cadre de référence intellectuel et émotionnel de l'autre tout comme s'ils étaient « dans sa peau ».

La sixième habitude demande au gestionnaire-coach des qualités en matière de coopération, des aptitudes à travailler en synergie.

Elle lui demande de reconnaître et d'apprécier les différences entre les gens et leurs points de vue respectifs, ainsi que d'en tenir compte.

Enfin, la septième et dernière habitude vise l'amélioration continue et implique le développement et le renforcement des six habitudes déjà établies.

La maîtrise personnelle

Pour Senge[9], la maîtrise personnelle est une qualité qui permet au gestionnaire-coach ou encore à un employé de se développer et d'accroître sa performance en termes d'efficacité, soit sa capacité d'obtenir les résultats qu'il vise. L'acquisition de cette maîtrise personnelle s'appuie sur certains principes et résulte de plusieurs pratiques.

Ainsi, le gestionnaire-coach ou l'employé doivent se donner une vision personnelle centrée sur les résultats à atteindre plutôt que sur les moyens de les obtenir. Ils doivent également percevoir la réalité avec lucidité et être capables de tirer parti de la « tension créatrice » qui résulte de l'écart entre cette réalité et leurs aspirations.

Par ailleurs, ils doivent pouvoir reconnaître les facteurs qui les amènent à douter de leur capacité de réussir ou à rendre les autres responsables de leur inefficacité. De la sorte, ils peuvent devenir plus conscients des comportements que ces facteurs provoquent chez eux de manière à développer de nouveaux comportements.

De plus, en utilisant le plein potentiel de leur subconscient, ils se donnent les moyens pour que certains gestes deviennent des automatismes. En d'autres termes, ils doivent conditionner leur subconscient en clarifiant, en imaginant ou en visualisant les résultats qu'ils visent et les choix que ces résultats nécessitent.

Ils doivent enfin harmoniser leur raison et leurs intuitions, c'est-à-dire comprendre leurs interactions avec leur environnement et s'investir dans une mission qui dépasse le simple cadre de leur univers personnel.

---

9. Senge P. M. *The Fifth Discipline: The Arts & Practice of The Learning Organisation.* New York, Doubleday, 1990.

L'intelligence émotionnelle selon Goleman

205

AIDER SES
EMPLOYÉS À
DEVENIR PLUS
EFFICACES ET PLUS
AUTONOMES

Pour sa part, Goleman[10] cherche à expliquer pourquoi des individus qui possèdent un quotient intellectuel élevé peuvent échouer alors que d'autres peuvent réussir, en dépit d'un quotient intellectuel plus modeste. Pour cet auteur, cette différence est étroitement liée à plusieurs capacités telles la maîtrise de soi, l'ardeur et la persévérance ainsi que la faculté de s'inciter soi-même à l'action. Goleman se sert de l'expression «intelligence émotionnelle» pour désigner et englober l'ensemble de ces capacités.

Selon Goleman, pour que le gestionnaire-coach ou un employé puissent accroître leur efficacité et leur autonomie personnelle, il leur faut connaître leurs émotions et être conscients de leurs manifestations. Mais ils doivent aussi maîtriser ces émotions pour pouvoir s'adapter aux situations diverses auxquelles ils font face. Toujours dans le domaine des émotions, ils doivent être en mesure de les canaliser de manière à se concentrer, à se maîtriser et à s'automotiver[11] et faire preuve d'empathie pour comprendre les besoins et les désirs des autres. Finalement, ils doivent savoir entretenir de bonnes relations avec les autres, ce qui implique qu'ils soient capables de gérer leurs émotions et de résoudre des conflits.

Le processus d'actualisation de St-Arnaud

De son côté, St-Arnaud[12] soutient que le gestionnaire-coach et l'employé peuvent accroître leur efficacité en prenant conscience de ce qui les pousse à agir, en précisant les résultats qu'ils veulent obtenir et en adaptant des stratégies d'intervention qui tiennent compte de leurs «ressentis» et des effets qu'ils produisent chez leur interlocuteur.

St-Arnaud parle ici d'un processus d'actualisation, un processus qui réfère à une façon de passer du rêve à la réalité. Cela demande au gestionnaire-coach ou à l'employé:

---

10. Goleman, D. *L'intelligence émotionnelle: comment transformer ses émotions en intelligence.* Paris, Robert Laffont, 1995.
11. La motivation demande une volonté de faire des efforts et de persévérer pour atteindre les résultats visés.
12. St-Arnaud, Y. *S'actualiser par des choix éclairés et une action efficace.* Montréal, Gaétan Morin Éditeur, 1996.

- de recevoir, sans la déformer, l'information en provenance de son organisme et de son environnement ;
- de choisir sa propre ligne d'action en tenant compte des dimensions rationnelles et émotionnelles de sa personnalité ;
- puis d'agir de façon responsable et efficace pour obtenir les résultats qu'il vise.

Le premier élément du processus d'actualisation concerne donc la bonne réception de l'information. Pour y arriver, le gestionnaire-coach et son employé se placent en mode sensoriel. Cela signifie qu'ils se mettent à l'écoute de leurs « ressentis » et qu'ils évitent les distractions. Également, ils diffèrent le plus possible les jugements et ne se laissent pas influencer par leurs réactions affectives. En utilisant les clés de la relation de coopération, ils vérifient continuellement l'exactitude de leurs perceptions et la validité de leurs interprétations, et ils trouvent des moyens pour augmenter la qualité ou la quantité de l'information reçue. Ils se donnent également les moyens d'accéder aux représentations qu'ils se font l'un de l'autre et ce, en fonction de leurs connaissances antérieures et de leurs expériences. Ils se permettent ainsi de recevoir simultanément les informations provenant de leur organisme et de leur environnement.

Le deuxième élément du processus d'actualisation est en relation avec le choix d'une ligne d'action qui tienne compte des exigences de leur environnement et de leurs besoins personnels. En effectuant un choix à partir de différentes possibilités, tant le gestionnaire-coach que l'employé confirment leur intérêt, leur volonté et leur responsabilité d'agir.

Le troisième élément du processus d'actualisation demande au gestionnaire-coach et à l'employé d'agir, de passer à l'action, de traduire leurs intentions en comportements précis et observables.

Une fois ces étapes bien comprises, le gestionnaire-coach peut accroître son efficacité en appliquant l'une des trois boucles du processus d'autorégulation telles que présentées dans le tableau 15 (Le test personnel d'efficacité, chapitre 2). Rappelons ici que lorsque le gestionnaire-coach n'obtient pas l'effet visé, la première de ces boucles l'invite à modifier sa stratégie, la deuxième à modifier son intention, soit l'effet qu'il vise, et, la troisième à revoir ce qui le motive à vouloir obtenir cet effet.

207

AIDER SES
EMPLOYÉS À
DEVENIR PLUS
EFFICACES ET PLUS
AUTONOMES

Les éléments communs de ces différentes approches

Si ces approches qui visent toutes à aider le gestionnaire-coach ou son employé à accroître leur efficacité et leur autonomie sont en apparence différentes, elles se rejoignent cependant sous plusieurs aspects :

- L'efficacité personnelle n'est pas une caractéristique innée et immuable. Il est donc possible de la développer.
- L'amélioration de l'efficacité personnelle est une opération qui s'effectue par étapes. Ainsi, il faut bien se connaître et développer la maîtrise de soi pour passer de la dépendance à l'interdépendance, puis être capable d'empathie et de synergie avec les autres pour passer de l'indépendance à l'interdépendance.
- L'efficacité personnelle repose sur le maintien de différents équilibres : l'équilibre entre les résultats et les ressources utilisées pour les obtenir ; l'équilibre entre la raison et l'intuition ; l'équilibre entre ses émotions positives et négatives, puis l'équilibre entre l'expertise des contenus et l'expertise relationnelle.
- L'efficacité personnelle repose sur les mêmes postulats que ceux sur lesquels se fondent la performance organisationnelle et le développement des compétences :
  - Pour réussir, il faut avoir une cible, savoir d'où on part et agir de façon responsable pour atteindre ses objectifs.
  - Pour être efficace, il ne suffit pas d'obtenir le résultat désiré. Il faut avoir agi de façon consciente sur les conditions qui ont mené à l'obtention de ce résultat.
  - La réussite est la conséquence d'une construction personnelle. Elle demande donc d'apprendre de ses bons coups comme de ses erreurs, puis de s'adapter et de s'améliorer constamment.
- Pour leur part, le développement de l'efficacité personnelle et de l'autonomie demandent :

- de recevoir, sans la déformer, l'information provenant de son organisme et de son environnement ; de choisir sa propre ligne d'action en tenant compte des dimensions rationnelles et émotionnelles de sa personnalité ;
- d'agir de façon responsable et efficace pour obtenir le meilleur résultat possible.

CONCLUSION

Au cours de sa carrière, pour aider un employé à accroître sa performance, son efficacité ou son autonomie, tout gestionnaire peut être amené à agir comme coach, voire même comme mentor.

Mais le gestionnaire désireux de devenir gestionnaire-coach, celui qui veut passer de l'art de la gestion à l'art de la réussite, ne peut pas compter sur ses seules habiletés naturelles pour obtenir un tel résultat et contribuer à la réussite de son entreprise. Il s'efforce alors de développer et de maîtriser trois compétences. Une compétence des contenus spécifiques à son poste et au secteur d'activités économiques dans lequel il agit. Une compétence relationnelle qui lui permet de créer et de maintenir des relations de coopération avec son personnel, même dans les situations les plus tendues. Enfin, une compétence en gestion des changements qui l'amène à utiliser des stratégies efficaces pour disposer son personnel à développer ses compétences et à atteindre des objectifs de plus en plus élevés.

En plus de posséder ces trois compétences, le gestionnaire-coach doit assumer six grandes responsabilités. Il doit donc tour à tour susciter l'engagement et l'*empowerment* de ses employés ; déterminer les résultats collectifs et individuels à atteindre ; créer une organisation du travail orientée sur l'atteinte des résultats ; développer les compétences de ses employés ; gérer la performance et l'amélioration continue de ses employés et aider ses employés à devenir plus efficaces et plus autonomes.

C'est pour aider le gestionnaire-coach à bien cerner les paramètres de ces six grandes responsabilités et de leurs mécanismes respectifs que ce livre a été écrit. Nous espérons qu'il sera d'une grande utilité au gestionnaire-coach en lui fournissant un éclairage sur des processus et des outils de gestion novateurs qui se sont avérés jusqu'ici fort efficaces dans différentes entreprises, lorsqu'il s'agissait de faire face à des situations très concrètes.

Les gestionnaires ou les employés qui aspirent à le devenir, mais aussi les consultants en gestion ou en développement organisationnel, peuvent s'en inspirer pour agir comme coach. Ils seront ainsi en mesure de mettre en place un mode de gestion et d'interaction qui vise l'atteinte des objectifs de l'entreprise, en suscitant l'engagement et l'*empowerment* des employés et des équipes de travail et en améliorant leur performance.

BIBLIOGRAPHIE

ALLAIRE, Y. et FIRSIROTU, M. *L'entreprise stratégique : penser la stratégie.* Montréal, Gaétan Morin Éditeur, 1993, 620 p.

ARGYRIS, C. « Teaching Smart People How to Learn », Boston, Harvard Business Review, mai-juin 1991 dans *The Learning Imperative : Managing People for Continuous Innovation.* Boston, Harvard Business Review Book, 1993, pp.177-194.

AUBRY, J. M. *Dynamique des groupes.* Montréal, Les Éditions de l'Homme, 1994, 134 p.

BENNIS, W. *Learning to Lead Executive Excellence.* January, dans BLANCHARD, K. et SHULA, D. *Everyone's a Coach.* Michigan, Zondervan Publishing House and HarperBusiness, 1995, 197 p.

BERGERON, J. L., COTÉ LÉGER, N., JACQUES, J. et BÉLANGER, L. *Les aspects humains de l'organisation.* Montréal, Gaétan Morin Éditeur, 1984, 337 p.

BETCHELL, M. L. *The Management Compass : Steering the Corporation Using Hoshin Planning.* New York, AMA Management Briefing.

BLANCHARD, K. et SHULA, D. *Everyone's a Coach.* Michigan, Zondervan Publishing House and HarperBusiness, 1995, 197 p.

BOWEN, D. E. et LAWLER III, E. E. « Empowering Services Employees », *Sloan Management Review.* Massachusetts Institute of Technology, été 1995, pp. 73-84.

CARON, BÉLANGER, ERNST & YOUNG. *Gestion du changement organisationnel.* Document inédit, 1995.

CHAMBERS, N. « The Really Long View », *Management Review.* New York, janvier 1998, pp. 11-15.

COLLERETTE, P. et SCHNEIDER, R. *La gestion du changement.* Ottawa, Formation et Perfectionnement Canada. Fascicule 5, 1994, p. 11-5.

COVEY, S. R. *The 7 Habits of Highly Effective People : Restoring the Character Ethic.* New York, Simon and Schuster, 341 p.

CRAINER, S. et DEARLOVE, D. « Death of Executive Talent », *Management Review.* New York, AMA Publications, juillet-août 1999, pp. 16-23.

CSOKA, L. *Closing Human Performance Gap.* USA, The Conference Board Europe, 1994, 24 p.

CULLEN, W. P. *The Employee, the Customer & the Financial Relationship... Where We Are, Where We Need to Go.* Banque Royale du Canada, Conference Board of Canada, Février 1997. Document inédit.

DAHL, R.A. « The Concept of Power », dans *Behavioral Science.* 2 p. 201 cité dans BERGERON, J. L., COTÉ LÉGER, N., JACQUES, J. et BÉLANGER, L. *Les aspects humains de l'organisation,* Montréal, Gaétan Morin Éditeur, 1984.

DE SMERT, M. « Les professionnels connaissent les problèmes, mais n'arrivent pas à les régler ». *Journal Les Affaires,* Montréal, 29 janvier 2000, p. 35.

DE SMERT, M. « Les équipes de travail semi-autonomes sont de plus en plus populaires ». *Journal Les Affaires,* Montréal, 8 janvier 2000, p. 33.

DETZEL, D. H. « Management Culture ». *Handbook of Business.* Boston, Warren, Gorham & Lamont inc., 1991, pp. 29 : 1-20.

DIONNE, P. et ROGER, J. *Le stratège du XXIe siècle : Vers une organisation apprenante.* Montréal, Gaétan Morin Éditeur, 1997, 204 p.

DRUCKER, P. F. « The Coming of The New Organization ». *Harvard Business Review,* Boston, janvier-février, 1988, pp. 45-53.

DRUCKER, P. F. « The New Society of Organization ». *Harvard Business Review,* Boston, septembre-octobre 1992, dans *The Learning Imperative : Managing People for Continuous Innovation.* Boston, Harvard Business Review Book, 1993, pp. 3-17.

EDITORS *et al.* « Management Ideas Through Time ». *Management Review.* New York, AMA Publications, janvier 1998, pp. 16-19.

EDWARDS, M. R. et EWEN, A. J. *360^0 Feedback : The Powerful New Model for Employee Assessment & Performance Improvement.* New York, Amacom, 1996, 247 p.

FAGIANO, D. « The Legacy of Downsizing ». *Management Review,* New York, juin 1996, p. 5.

FISHER, K. et DUNCAN FISHER, M. *The Distributed Mind.* New York, Amacom, 1998, 286 p.

FUTURE SURVEY. Maryland, Editor Michael Marien. vol. 21, n° 12, décembre 1999, p. 12.

GOLEMAN, D. *L'intelligence émotionnelle : comment transformer ses émotions en intelligence.* Paris, Robert Laffont, 1995, 419 p.

GORDON, E. E. *et al. Future Work : the Revolution Reshaping American Business.* Wesport, Praeger Publishers, 1994, 294 p.

GOSSELIN, A. et SAINT-ONGE, S. « La performance au travail ». *Revue internationale de Gestion,* Montréal, coll. « Racines du savoir », 1998, 271 p.

GOUILLART, F., J. et KELLY, J. N. *Transforming the Organization.* New York, McGraw-Hill Inc., 1998, 323 p.

GRAHAM, J. W. et HAVLICK, W. C. *Mission Statements : A Guide to the Corporate and Nonprofit Sectors.* New York et Londres, Garland Publishing Inc., 1994.

GREEN, P. C. *Building Robust Competencies*. San Francisco, Jossey-Bass Inc, 1999, 213 p.

GROSS, K. *Conquering Mount Maslow*, 1998, pp. 1-3 (www.TRI-Performance.com)

HARARI, O. « Thank Heavens for Complainers ». *Management Review*, New York, mars 1997, pp. 25-29.

HARGROVE, R. *Mastering the Art of Creative Collaboration*. New York, McGraw-Hill, 1998, p. 184.

HARRISON, Allen F. et BRAMSON, Robert M. *Styles of thinking: Strategies for Asking Questions, Making Decisions, and Solving Problems*. New York, Anchor Press Doubleday, 1982, 194 p.

HELLEBUST, K. G. et KRALLINGER, J. C. *Strategic Planning Workbook*. New York, John Wiley & Sons, 1989, 331 p.

JONES P. et KAHANER L. *Say It and Live It: The 50 Corporate Mission Statements that Hit the Mark*. New York, Doubleday, 1995, 267 p.

JUDSON, A. S. *Making Strategy Happen: Transforming plans into Reality*. Massachusetts, Cambridge Basil Blackwell Ltd., 1990, 250 p.

KEISER, T. C. et SMITH, D.A. *Customer-Driven Strategies: Moving from Talk to Action*. The International Strategic Management Conférence. Chicago, The Planning Forum.

KINLAW, D. C. *Adieu patron! Bonjour Coach!* Montréal, Les éditions Transcontinental Inc., 1997, 187p.

KOONTZ, H. et O'DONNEL, C. *Management: principes et méthodes de gestion*. Montréal, McGraw-Hill, 1980 (traduction de Gilles Ducharme et Marcel Poirier), 618 p.

LANDSBERG, M. *The Tao of Coaching*. London, Harper Collins Business, 1997, 128 p.

LANGDON, D. G. « The Language of Work ». *Handbook of Human Performance Technology*. International Society for Performance Improvement. San Francisco, Jossey-Bass Pfeiffer, 1999, 1003 p., pp. 260-280.

LEE, B. *The Power Principle: Influence with Honor*. New York, Simon & Schuster, 1997, 364 p.

LEFEBVRE, G. *Le management d'aujourd'hui: savoir organiser, savoir décider*. Montréal, Les Éditions de l'Homme, 1975, 166 p.

LEGENDRE, R. *Dictionnaire actuel de l'éducation,* 2e édition. Montréal, Guérin Éditeur Ltée., 1993, 1550 p.

LESCARBEAU, R., PAYETTE, M. et ST-ARNAUD, Y. *Profession: consultant*. Montréal, Les Presses de l'Université de Montréal, 1996, 381 p.

LUCAS, J. R. *Balance of Power*. New York, Amacom, 1998, 262 p.

LYNCH, R. L. et CROSS, K. F. *Measure Up! Yardsticks for Continuous Improvement*. Cambridge, Blackwell Publishers, 1991, 213 p.

MADDUX, R. B. *Déléguez.* Paris, Les Presses du management, 1995, 77 p.

MADERS, H. P. *Conduire une équipe projet.* Paris, Éditions d'organisation, 2000, 270 p.

MARTIN, A. *La gestion proactive.* Ottawa, Institut supérieur de gestion, 1987, 240 p.

McCUNE, J.-C. « Sorry, Wrong Executive ». *Management Review.* New York, AMA publications, octobre 1999, pp. 16-21.

McCUNE, J.-C. « Measuring the Value of Employee Education ». *Management Review.* New York, AMA Publications, avril 1994, pp. 10-15.

MINTZBERG, H. « Pièges et illusions de la planification stratégique ». *Revue Gestion,* février 1994, pp. 66-74.

MORIN, E. M. *Psychologies au travail.* Montréal, Gaétan Morin Éditeur, 1996, 438 p.

MORIN, E. M., SAVOIE, A. et BEAUDIN, G. *L'efficacité de l'organisation : Théories, représentations et mesures.* Montréal, Gaétan Morin Éditeur, 1994, 158 p.

MOURIER, P. « No Pain, No Gain : Why Situational Analysis Is Critical for Successful Change Implantation ». *Performance Improvement.* Washington, International Society for Performance Improvement. Vol. 40, n° 4, avril 2001, pp. 5-13.

NELSON, B. « The Ironies of Motivation », *Strategy & Leadership.* Chicago, Michigan, vol. 27, n° 1 janvier-février 1999, pp. 26-31.

NEWMAN, W. H. *L'art de la gestion : les techniques d'organisation et de direction.* Paris, Dunod, 1971, 449 p.

NICOLESCU, B. *La transdisciplinarité : manifeste.* Monaco, Éditions du Rocher, 1996. (http://perso.club-internet.fr/nicol/ciret /vision.htm).

NORRIS THOMAS, M. « Output-Based Job Descriptions : Beyond Skills and Competencies ». *Performance Improvement.* Washington, International Society for Performance Improvement, vol. 39, n° 7, août 2000, pp. 23-27.

PFEIFFER, W. J. *et al. Shaping Strategic Planning.* Glenview, Illinois, University Associates Inc., 1989, 295 p.

PRICHETT, P. *Mindshift.* USA, Price Prichett Inc., 1996, p. 60.

QUINTY, M. « Qu'est-ce qui nous mobilise ? ». *Affaires Plus.* Montréal, décembre 1999, pp. 65-66.

REVUE FORCES. « La mission du Mouvement des caisses populaires et d'économie Desjardins ». Montréal, Société d'édition de la revue FORCES, n° 91 automne 1990, p. 12.

REVUE SCIENCES HUMAINES. *Cent ans de management.* Paris, Hors Série n° 20, mars-avril 1998. Auxerre Cedex, 71 pages, pp. 54-55.

REVUE SCIENCES HUMAINES. *Méthodes, pratiques… l'abécédaire du management.* Paris, Hors-Série, n° 20, mars-avril 1998, 71 p., p. 66.

REVUE SCIENCES HUMAINES. « Les psychologies de l'apprentissage ». n° 12, février-mars 1996, pp. 38-39.

RICHARDSON, L. *Sales Coaching.* New York, McGraw-Hill, 1996, 130 p.

ROBERT, M. *Strategy Pure & Simple: How Winning CEOs Outthink Their Competition.* New York, McGraw-Hill, Inc., 1993, 228 p.

ROTHWELL, W.J., SULLIVAN, R. et McLEAN, G. N. *Practicing Organisation Development.* San Diego, Pfeiffer & Company, 1995, 621 p.

ROUSSEL, J. F. *Guide pratique du management: Gérer la participation.* Montréal, Les Publications CFC, 1996, 64 p.

SAPP, R. W. et SMITH, R. W. *Strategic Management for Bankers.* Oxford, Ohio, The Planning Forum, 1984, 224 p.

SCIENTIFIC AMERICAN. *Exploring Intelligence.* New York, vol. 9, n° 4, hiver 1998, 104 p. et REVUE SCIENCES ET AVENIR. *Dossier spécial: intelligence.* Paris, décembre 1998, 130 p.

SCOTT-MORGAN, P. *The Unwritten Rules of the Game: Master Them, Shatter Them, and Break Through the Barriers to Organizational Change.* New York, McGraw-Hill, 1994, 244 p.

SECRÉTARIAT DU CONSEIL DU TRÉSOR DU CANADA. *Gestion, imputabilité ou élaboration de politiques? Un regard sur la façon dont les provinces utilisent les données sur le rendement.* Décembre 1998. Document inédit.
http://www.tbs-sct.gc.ca/rma/account/MAP_2_f.html

SENGE, P. *et al. The Fifth Discipline Fieldbook.* New York, Doubleday, 1994, 593 p.

SENGE, P. M. *The Fifth Discipline: The Arts & Practice of The Learning Organisation.* New York, Doubleday, 1990, 424 p.

SÉRIEYX, H. *L'effet Gulliver.* Paris, Calmann-Lévy, 1994, 252 p.

SHEA, G. F., M. *Mentoring: Helping Employees Reach Their Full Potential.* New York, AMA Management Briefing, 1994, 92 p.

SHOLTES, P. R. *et al. Le guide pratique du travail en équipe: comment utiliser les équipes pour améliorer la qualité.* Wisconsin, Madison Joiner Associates Incorporated, 1997, 297 p.

SHREIBER, N. « Management Under Fire the Paradigm of Desert Storm », *Management Review,* novembre 1991. New York, AMA Publication, pp. 10-15.

SHROCK, S. A. et GEIS, G. L. « Evaluation », *Handbook of Human Performance Technology,* pp. 185-209 dans STOLOVITCH, H. D. et KEEPS, E. J. (dir.) *International Society for Performance Improvement.* San Francisco, Jossey-Bass Pfeiffer, 1999, 1003 p.

SOUNDVIEW EDITORIAL STAFF. *Skills for Success: The Experts Show the Way.* USA, Soundview Executive Book Summaries, 1989, 109 p.

SPENCER, L. M. Jr. « Job Competency Assessment ». *Handbook of Business Strategy.* Boston, Warren, Gorham & Lamont, Inc., 1991, p. 28-1.

SPTIZER, D. R. *SuperMotivation.* New York, Amacom, 1995, 224 p., dans *Sounview Executive Book Summaries,* vol. 17, n° 10, partie 1, octobre 1995, pp. 1-8.

ST-ARNAUD, Y. *S'actualiser par des choix éclairés et une action efficace.* Montréal, Gaétan Morin Éditeur, 1996, 108 p.

ST-ARNAUD, Y. *Connaître par l'action.* Montréal, Les Presses de l'Université de Montréal, 1992, 111 p

ST-ARNAUD, Y. *L'interaction professionnelle : efficacité et coopération.* Montréal, Les Presses de l'Université de Montréal, 1995, 224 p.

ST-ARNAUD, Y. *Le changement assisté : compétences pour intervenir en relations humaines.* Montréal, Gaétan Morin Éditeur, 1999, 224 p.

STONE, F. M. *Coaching, Counseling & Mentoring : How to Choose & Use the Right Technique to Boost Employee Performance.* New York, Amacom, 1999, 230 p.

TARDIF, J. *Le transfert des apprentissages.* Montréal, Les Éditions Logiques, 1999, 223 p.

TARDIF, J. « Les influences de la psychologie cognitive sur les pratiques d'enseignement et d'évaluation ». *Revue québécoise de la psychologie,* vol. 16, n° 2, 1995, pp. 175-207.

TARDIF, J. « Le transfert des compétences analysé à travers la formation de professionnels ». Conférence prononcée lors du Colloque international sur les transferts de connaissances en formation initiale et continue, 1994, 14 p.

TARDIF, J. *Pour un enseignement stratégique : l'apport de la psychologie cognitive.* Montréal, Les Éditions Logiques, 1992, 474 p.

TICHY, NOEL M. *The Leadership Engine : How Winning Companies Build Leaders at Every Level.* New York, HarperCollins, 1997, 367 p.

TOLER SACHS, R. *Productive Performance Appraisals.* New York, Amacom, 1992, 103 p.

TOSTI D. et JACKSON, S. « Get the Culture You Needed », *News & Notes.* International Society for Performance Improvement, mai-juin 2000, p. 16.

TOUPIN, R. « Un transfert nommé désir ». *Gestion, revue internationale de gestion,* vol. 22, n° 3, automne 1996, pp. 114-119.

VIAU, R. *La motivation en contexte scolaire.* Saint-Laurent, Les Éditions du Renouveau pédagogique, 1994, 221 p.

VOYER, P. *Tableaux de bord de gestion.* Sainte-Foy, Presses de l'Université du Québec, 1994, 334 p.

WATKINS, R. et LEIGH, D. « Performance Improvement : More Than Just Bettering The Here-and-Now », *Performance Improvement.* États-Unis, vol. 40, n° 8, septembre 2001, p. 10-15.

LISTE DES TABLEAUX

LEXIQUE

Apprentissage par l'habitude	Le fait d'apprendre par l'exercice ou l'entraînement pour que les gestes deviennent des automatismes
Boucles de rétroaction	Un retour d'information sur la pertinence et le bon fonctionnement d'une stratégie ou d'un processus à la suite de son utilisation
Cadre de référence	Une façon de concevoir, d'organiser ou de présenter certains éléments théoriques
Canaux d'autorité	Les liens et les relations entre différents paliers hiérarchiques de l'entreprise
Chaîne de valeur ajoutée	Le fait d'ajouter de la valeur ou d'obtenir un meilleur résultat en réalisant une séquence d'actions
Cibles de performance de l'employé	Les objectifs que l'employé doit atteindre, les responsabilités qu'il doit assumer, les compétences et les attitudes dont il doit faire preuve et le plan d'action qu'il doit mettre en œuvre pour s'améliorer
Cibles de performance de l'entreprise	Les objectifs ou les résultats que l'entreprise désire atteindre sur une période donnée
Compétence relationnelle	La capacité d'établir des relations de coopération avec une autre personne
Cote globale de performance	L'évaluation globale qui est faite de la performance de l'employé au cours d'une période donnée en tenant compte de tous les facteurs pertinents
Dimensions clés de la performance de l'entreprise	Les huit dimensions de la pyramide de la performance : la raison d'être de l'entreprise, le développement des affaires, les résultats financiers, la satisfaction des clients, la flexibilité, la productivité, la proactivité et les compétences des employés

Économies d'échelle	Les économies qu'une entreprise réalise en augmentant ses ventes et en maintenant ses coûts au même niveau
Étalonnage ou *benchmarking*	Une pratique qui amène l'entreprise à comparer ses résultats avec ceux des entreprises les plus performantes
Expertise des contenus et des processus	Les connaissances qu'un employé doit avoir des contenus et des processus pour bien assumer ses responsabilités
Feed-back	Un processus qui consiste à fournir ou à recevoir une rétroaction sur son efficacité ou son efficience
Goulots d'étranglement	Un dysfonctionnement dans un processus de travail qui fait en sorte qu'il est impossible d'effectuer l'ensemble des opérations requises
Indicateurs de performance ou indicateurs observables	Des unités de mesure qui permettent d'évaluer les résultats obtenus ou sa progression vers l'atteinte de ces résultats
Niveau d'autorité	Le pouvoir hiérarchique qu'une personne possède sur une autre
Pratiques de gestion	Les processus, les mécanismes et les pratiques que les gestionnaires mettent en place pour contribuer à la réussite de l'entreprise (exemples: processus de communication, de dotation, de planification de la relève, etc.)
Proactivité du personnel	Le fait pour les employés d'être proactif, d'être prévenant, d'être à l'écoute des besoins des clients et de tenter d'y répondre rapidement
Processus de dotation	Le processus de recrutement et d'embauche des employés
Standards de performance	Les normes à respecter pour que le résultat soit de qualité
Systèmes de reconnaissance	L'ensemble des pratiques que l'entreprise ou le gestionnaire utilise pour souligner la performance d'un employé
Systèmes de ressources humaines	Les processus qu'utilise l'entreprise en ce qui concerne la dotation, l'organisation du travail, la rémunération, le développement des compétences, l'évaluation de la performance et la planification de la relève
Vigie ou veille stratégique	Le fait pour les entreprises de surveiller leurs concurrents ou leur environnement pour être à l'affût de ce qui peut se produire
Volumes d'affaires	Le volume des ventes d'une entreprise

INDEX

TABLE DES MATIÈRES

Cet ouvrage a été achevé d'imprimer
au Canada en janvier 2002.